Carl Wolff

Die Kunstdenkmäler der Provinz Hannover

Carl Wolff

Die Kunstdenkmäler der Provinz Hannover

ISBN/EAN: 9783743392229

Hergestellt in Europa, USA, Kanada, Australien, Japan

Cover: Foto ©Thomas Meinert / pixelio.de

Weitere Bücher finden Sie auf **www.hansebooks.com**

DIE

UNSTDENKMÄLER

DER PROVINZ

HANNOVER.

HERAUSGEGEBEN

AGE DER PROVINZIAL KOMMISSION ZUR ERFORSCHUNG UND
ALTUNG DER DENKMÄLER IN DER PROVINZ HANNOVER

VON

DR. PHIL. CARL WOLFF,
LANDESBAURATH.

REGIERUNGSBEZIRK HANNOVER.

1. LANDKREISE HANNOVER UND LINDEN.

MIT 8 TAFELN UND 68 TEXTABBILDUNGEN.

HANNOVER.
SELBSTVERLAG DER PROVINZIALVERWALTUNG.
THEODOR SCHULZES BUCHHANDLUNG.
1899

HEFT I DES GESAMMTWERKES.

Hofbuchdruckerei Gebrüder Jänecke, Hannover.

Vorwort.

— — —

Nachdem Karl Friedrich Schinkel im Jahre 1815 auf die Zerstörung und Verschleppung der Denkmäler, auf die unverständige Behandlung derselben aufmerksam gemacht, die Schaffung eines Denkmälerverzeichnisses angeregt und somit den Weg gewiesen hatte, der zur heutigen Denkmalpflege führen sollte, begann man nach und nach im Deutschen Lande allerorts die Erforschung der heimischen Geschichte und Kunst zu betreiben, die Denkmäler zu sammeln und vor dem Verderb zu bewahren, ihr Verhältniss zur Geschichte, ihre Entstehung zu ergründen, sie aufzunehmen, zeichnerisch darzustellen und zu beschreiben. Diese Arbeiten übernahmen in erster Linie die Vereine für Geschichte und Alterthumskunde, und sie entwickelten mit der Zeit eine erfreuliche und erfolgreiche Thätigkeit. Besonders wirksam und praktisch von Bedeutung war die Einrichtung der Stelle eines Konservators der Kunstdenkmäler des Preussischen Staates im Jahre 1843 und nicht minder das Erscheinen der Kunst-Topographie Deutschlands von Wilhelm Lotz im Jahre 1862 und 1863, welche in ihrer Art grundlegend für die späteren Arbeiten auf diesem Gebiete wurde. Eine Unterstützung fand die Bewegung gleichzeitig dadurch, dass hervorragende ausübende Künstler im Gegensatz zum Klassizismus bei ihren Werken auf die Formen unserer mittelalterlichen Kunst zurückgriffen.

Auch in Hannover wurde es frühzeitig rege. Hier entstand der historische Verein für Niedersachsen. Thatkräftige Männer lenkten die Aufmerksamkeit auf die heimathliche Geschichte und Kunst und sorgten dafür, dass das Verständniss für die Werke unserer Vorfahren stetig und sicher wuchs. Man sammelte und veröffentlichte die Denkmäler der früheren Jahrhunderte, hauptsächlich des Mittelalters, in Büchern und Zeitschriften. Ende der vierziger Jahre begann H. Wilhelm H. Mithoff mit seinem Archiv für Niedersachsens Kunstgeschichte, und seit 1855 erschien die Uebersicht der mittelalterlichen Baudenkmäler Niedersachsens, an welcher eine stattliche Reihe bekannter Künstler und Gelehrter, darunter der Altmeister Hannoverscher Kunst, Conrad Wilhelm Hase, betheiligt waren. Auf diesem Gebiete ist es jedoch besonders der schon genannte H. Wilhelm H. Mithoff gewesen, welcher mit glühender Begeisterung einen grossen Theil seines Lebens und seiner unermüdlichen Thatkraft der Erforschung der Kunst im Hannoverschen Lande widmete. In dem gross angelegten und inhaltreichen, siebenbändigen Werke über die Kunstdenkmale und Alterthümer im Hannoverschen, dessen erster Band ungefähr gleichzeitig mit den im Jahre 1870 erschienenen Baudenkmälern im Regierungsbezirk Cassel entstanden ist — das Vorwort wurde im Januar 1870 geschrieben — hat er zum Schlusse gewissermassen Alles zusammengefasst, was er in der heimischen Kunstforschung ergründet und zum Theil bereits früher veröffentlicht hatte. Die sieben Bände folgten in den Jahren 1871 bis 1880 schnell aufeinander.

„Was von der Vorzeit Kunst geblieben,
Und sich an Alterthümern fand,
Das ist in diesem Werk beschrieben,
Aus Liebe zu dem Heimathland."

Mit diesem Satze leitet er das Schlusswort des ganzen Werkes ein, welchem als Grundlage für die Aufsuchung und Beschreibung der kirchlichen Gebäude zunächst die dem historischen Vereine für Niedersachsen von den geistlichen Behörden übermittelten Beschreibungen der Gotteshäuser gedient haben. Die Vervollständigung und grössere Zuverlässigkeit wurde durch Untersuchungen an Ort und Stelle möglichst angestrebt. In den meisten Fällen wurden geschichtliche Nachrichten, besonders über das erste Vorkommen des betreffenden Ortes hinzugefügt. Vorchristliche Alterthümer waren nicht berücksichtigt, Werke, welche nach der ersten Hälfte des XVII. Jahrhunderts entstanden sind, meist ausgeschlossen.

Seit jenen Tagen ist in dem neu erstandenen Deutschen Reiche die Frage der Verzeichnisse der Kunstdenkmäler überall lebhaft erörtert und erweitert worden. Tüchtiges ist auf diesem Gebiete geleistet, und man gab in den einzelnen Provinzen des Preussischen Staates zweckentsprechende Werke heraus, mit denen eine Ehrenschuld abgetragen wurde gegen unsere Vorfahren und gegen die Meister der von diesen überlieferten Schätze der Kunst. Im letzten Jahrzehnte wurden die Provinzial-Kommissionen zur Erforschung und Erhaltung der Denkmäler ins Leben gerufen und den engeren Kreisen ein Mittelpunkt in der Stelle des Provinzial-Konservators gegeben. Die Hannoversche Provinzial-Kommission trat auf Grund der Bestimmungen des unter dem 13. Februar 1894 vom 27. Hannoverschen Provinziallandtag erlassenen Reglements am 10. Mai 1894 zu ihrer ersten Sitzung zusammen, nachdem der Provinzialausschuss am 9. April 1894 den Museums-Direktor Dr. Reimers zum Provinzial-Konservator gewählt hatte.

Von dieser Stelle ging, nachdem bereits im Jahre 1882 seitens der Königlichen Staatsregierung eine weitergehende Aufzeichnung der Kunstdenkmäler in der Provinz Hannover angeregt, diese Frage aber zunächst wieder zurückgestellt worden war, der Vorschlag aus, das seit Jahren im Buchhandel vergriffene Werk Mithoffs neu herauszugeben, indem der Provinzial-Konservator Dr. Reimers in seinem Bericht vom 17. April 1895 in diesem Sinne an die Provinzial-Kommission zur Erforschung und Erhaltung der Denkmäler in der Provinz Hannover berichtete und gleichzeitig als nothwendige Vorarbeit hierzu und als Unterlagen für die Reisen des Konservators die Feststellung des Bestandes an kirchlichen Alterthümern durch Versendung von Fragebogen an die Pfarrer beantragte. Letzteres wurde mit Genehmigung des Ministeriums im Jahre 1896 auf Veranlassung des Königlichen Landes-Konsistoriums ausgeführt und in der Weise erledigt, dass ein Exemplar den Königlichen Konsistorien, ein zweites dem Provinzial-Konservator überreicht wurde und ein drittes bei den Pfarrakten verblieb. Wenn dieselben auf Vollständigkeit und Zuverlässigkeit naturgemäss nicht überall Anspruch erheben können, so bilden sie doch ein schätzenswerthes Material, welches im vorliegenden Werke unter den Quellen als Verzeichniss der kirchlichen Kunstdenkmäler von 1896 an den zutreffenden Stellen aufgeführt ist.

Mit der Neuherausgabe des Mithoffschen Werkes erklärte sich die Kommission in ihrer Sitzung vom 11. April 1896 ebenfalls einverstanden, überliess jedoch die weitere Regelung der Angelegenheit dem bestehenden engeren Ausschusse und ersuchte diesen, so zeitig an das Landesdirektorium einen Antrag zu richten, dass der nächste Provinziallandtag über die Bewilligung der Mittel Beschluss fassen könne. Der engere Ausschuss für die Denkmalpflege empfahl nunmehr, unabhängig von dem für seine Zeit grossartig angelegten, für die heutigen Bedürfnisse jedoch nicht mehr genügenden und besonders in der Aufführung der beweglichen Alterthümer lückenhaften Werke Mithoffs ein neues Verzeichniss zu schaffen, welches sowohl im Texte als auch in den Abbildungen den neueren Anforderungen Genüge leiste und er beantragte, zu diesem Zwecke eine Summe von 80000 Mark in jährlichen Raten von 8000 Mark bereit zu stellen. Die Genehmigung dieses Antrages erfolgte in der neunten Sitzung des 30. Hannoverschen Provinziallandtags am 12. Februar 1897.

Mit der Bearbeitung des Werkes wurde unter Leitung eines Ausschusses, welcher aus dem Landesdirektor Müller, Abt D. Dr. Uhlhorn, Provinzial-Konservator Dr. Reimers und Professor Mohrmann bestand, am 1. Juli 1897 durch einen besonders berufenen, eigenen Sachverständigen begonnen. Das Vertragsverhältniss wurde jedoch am 1. April 1899 gelöst und die Bearbeitung dem Unterzeichneten, welcher seit dem 1. Januar 1898 in der Provinzial-

Verwaltung als Dezernent für den Hochbau thätig ist, nebenamtlich übertragen; gleichzeitig erfolgte sein Eintritt in den Ausschuss, an dessen Spitze seit dem am 1. April 1899 erfolgten Abgange des Landesdirektors **Müller** der Landesdirektor **Lichtenberg** steht. Unabhängig von den bis dahin geleisteten Vorarbeiten wurden sofort die Landkreise Hannover und Linden, welche nunmehr als erste Lieferung des Werkes vorliegen, in Angriff genommen und gleichzeitig die Arbeiten in der Stadt Goslar so geregelt, dass die Veröffentlichung dieser wichtigen Lieferung an zweiter oder dritter Stelle gesichert ist.

Die Gesichtspunkte für die Behandlung des Stoffes sind in einem vom Ausschusse festgestellten Arbeitsplan niedergelegt. Demnach erfolgt die Beschreibung der Bau- und Kunstdenkmäler in alphabetischer Reihenfolge der Orte innerhalb eines politischen Kreises nach Stilperioden vom Anfange der historischen Kunst bis etwa zum Jahre 1820. Vorchristliche Denkmäler finden nur dann Aufnahme, wenn ihre Bedeutung eine solche ist, dass sie im Rahmen dieser Arbeit nicht entbehrt werden können. Angaben über Lage, Grösse, Natur, Bevölkerungsverhältnisse, über ethnographische und frühere politische und kirchliche Zustände, über Handel und Verkehr, Strassen und Wege, sowie über das Kunsthandwerk werden in der Einleitung jedes Kreises möglichst beschränkt und stets nur soweit gegeben, als sie zum Verständniss der Denkmäler unerlässlich sind. Es bleibt vorbehalten, derartige zusammenhängende, die ganze Provinz betreffende Angaben im Schlussbande des Werkes zu machen.

Jeder Band enthält die zur bequemen Benutzung erforderlichen Orts-, Namens- und Sachverzeichnisse; ausserdem wird für jeden Kreis eine Karte desselben mit den für die Kunstwerke in Betracht kommenden Orten und den Hauptverkehrsstrassen beigegeben. Das Gesammtverzeichniss bildet den letzten Band.

Aufgenommen werden alle Denkmäler, welche dauernd in der Provinz vorhanden sind, gleichviel in welchem Besitze sie sich befinden. Die Beschreibung der Denkmäler erfolgt auf Grund der einschlägigen historischen Daten und der technischen und stilistischen Merkmale in möglichst knapper Form. Abhandlungen über diesen Rahmen hinaus, die sich nicht unerlässlich aus dem historischen, technischen und stilistischen Befunde ergeben, sowie Eingehen auf wissenschaftliche Streitfragen werden vermieden. Inschriften werden nicht sämmtlich aber in möglichst grosser Zahl gegeben. Eine Wiedergabe der Schrift in Typen, welche den Charakter nur ungefähr treffen, findet nicht statt, dagegen wird die Schriftart jedesmal näher bezeichnet: Majuskel, Minuskel u. s. w.

Jeder Abschnitt beginnt mit einer Angabe der Litteratur und der Quellen. Es folgt eine kurze geschichtliche Einleitung und dann die Beschreibung des Denkmals nach Technik und Stil. Mit der Hauptkirche des Ortes wird in der

Regel der Anfang gemacht. Es beginnt die Beschreibung mit der Chorseite und schliesst mit dem Thurm. Hierauf folgen die kirchlichen Ausstattungsstücke und sonstige im Besitze der Kirche etwa befindlichen Denkmäler in alphabetischer Folge, als Altar, Beichtstuhl, Chorstuhl, Grabsteine, Kanzel u. s. w. Die Reihenfolge der weltlichen Denkmäler, als Rathhäuser, Stadtmauern, Thore, Burgen, Schlösser wird nach der Bedeutung des Denkmals und nach seiner Zusammengehörigkeit mit anderen nach Zweckmässigkeit gewählt. Für Abbildungen kommen zur Verwendung: Uebersichtskarten, Pläne von Ortschaften und Gebäuden, Grundrisse möglichst aller hervorragenden Gebäude, mindestens typischer Grundformen, Skizzen, photographische Aufnahmen, Schnitte und Ansichten. Sie werden in Lichtdrucken, Strich- und Flächenätzungen als besondere Tafeln oder im Text wiedergegeben. Von der Herausgabe geschlossener Bände, welche den Regierungsbezirken entsprechen, wird Abstand genommen; die Kreise werden einzeln oder zu mehreren in einem Hefte beschrieben, die Hefte jedoch in ihrer äusseren Form so eingerichtet, dass sie später auch nach den Regierungsbezirken geordnet und zusammengefasst werden können. Eine Anzahl von Kreisen mit den Hauptstädten werden Doppelhefte oder mehrere Hefte erfordern.

Ausgenommen von der Bearbeitung ist das Bauernhaus, auch wenn es durch seine Gestaltung Anspruch erheben könnte, hier berücksichtigt zu werden, da die Veröffentlichung des Deutschen Bauernhauses bereits von anderer Seite nach grossem Plane in Angriff genommen worden ist.

Wenn das Programm der Denkmalpflege, den Bestand an Kunstdenkmälern festzulegen, dieselben geschichtlich zu beleuchten und das Verständniss und Interesse am Erhalten zu erwecken auf die weitesten Kreise ausgedehnt werden soll, so wird es erforderlich, allen Kunstwerken, den bedeutenden und den weniger hervorragenden, bis zu einem gewissen Grade eine gleichmässige Behandlung bei der Bearbeitung zu Theil werden zu lassen. Denn wenn man auf die breiten Schichten der Bevölkerung bildend wirken will, wird man damit beginnen müssen, diese auf die naheliegenden, ihnen täglich zugänglichen Denkmäler, die einfache Kapelle des Ortes, die Kanzel den Altarleuchter u. s. w. aufmerksam zu machen, ihnen diese Werke in Wort und Bild vorzuführen. Ist hier das Interesse erweckt und der Blick für die Kunst geschärft, so wird es ein Leichtes, diesen nach und nach zu erweitern. Da das Verzeichniss ausserdem den Zweck hat, Aufschluss zu geben, sobald es sich um Wiederherstellung oder Erhaltung von Denkmälern handelt, so ist es auch aus diesem Grunde nothwendig, Alles zu berücksichtigen, möglichste Vollständigkeit anzustreben und die Aufnahmen nicht nur auf das Hervorragende zu beschränken.

Andrerseits würde es dem Charakter eines Denkmälerverzeichnisses widersprechen, wenn man hier zu weit gehen wollte. Ein solches Verzeichniss soll umfassende wissenschaftliche Untersuchungen vermeiden, nur dasjenige geben, was auf Grund örtlicher Untersuchung und des Quellenstudiums als feststehend zu betrachten ist, es soll eine Sammelstelle der kunstgeschichtlichen Quellen und eine Grundlage für weitere Arbeiten bilden und ferner geeignet sein, im Verein mit den übrigen Denkmälerverzeichnissen Material zu liefern zu einer umfassenden, allgemeinen Deutschen Kunstgeschichte.

Es ist wünschenswerth, möglichst viele Abbildungen zu geben, um die Werke überhaupt im Bilde festzuhalten und ferner, um ausübenden Künstlern und Handwerkern mit Studienmaterial reichlich an die Hand zu gehen.

Der nächstliegende Gedanke, das Werk Mithoffs in zweiter Auflage, etwa mit erweitertem Text und neuen Aufnahmen neu erstehen zu lassen, wurde von dem Ausschusse bald aufgegeben. Abgesehen davon, dass die Gliederung des Stoffes nach der alten geschichtlichen Eintheilung für eine neuzeitliche Bestandaufnahme wenig Werth hat und zweckmässig durch die neuerdings allgemein üblich gewordene Ordnung nach politischen Kreisen ersetzt wird, sprechen für die Ausarbeitung eines vollständig neuen Werkes noch andere Gründe. Trotz der grossen Vorzüge, welche das alte Werk für seine Zeit hatte, entspricht es nicht mehr den Anschauungen der massgebenden Kreise. Vieles hat sich seit jener Zeit geändert, Manches ist verschwunden, Anderes dafür hinzugekommen. Während Mithoff nach seinem eigenen Ausspruche, einem Aktenstück des Königlichen Staatsarchivs in Hannover zufolge, nur die mittelalterliche Periode des Kirchenbaues und der dazu gehörenden Kunstzweige berücksichtigt, die der nachfolgenden Jahrhunderte dagegen nur kurz berührt, da nach seiner Auffassung bei letzteren von einer wahrhaft kirchlichen Gestaltung häufig keine Rede sein könne, so wird es vielmehr erforderlich, alle Zeiten der Kunstgeschichte bis zum Jahre 1820 ins Auge zu fassen und ihre Werke dem Leser vorzuführen. Auch die weltlichen Bauten, sowie die beweglichen Alterthümer und die Erzeugnisse des Kunstgewerbes können eine eingehendere Behandlung verlangen, als sie ihnen früher zu Theil geworden ist.

Um allen Anforderungen gerecht zu werden, ergiebt sich die Nothwendigkeit, die Denkmäler aufzusuchen, an Ort und Stelle zu studieren, sie aufzunehmen, und auf Grund der Ergebnisse die Beschreibungen anzufertigen. Und da ferner jedes Kunstwerk bezüglich seiner Entstehung und seines Werthes nur im Rahmen der Geschichte beurtheilt werden kann, so ist es geboten, das von Mithoff gelieferte, geschichtliche Material zu prüfen und zu vervollständigen. Zu diesem Zwecke sind die in Betracht kommenden Urkundenbücher, die geschichtlichen und kunstgeschichtlichen Werke, Urkunden und

Akten, in denen Anhaltspunkte zu vermuthen sind, einer eingehenden Durchsicht zu unterziehen.

Form und Ausstattung des Buches sollen dem vom Herausgeber in Gemeinschaft mit dem Stadtarchivar Dr. Jung bearbeiteten Werk über die Baudenkmäler in Frankfurt am Main entsprechen.

Für die vorliegende Lieferung hat Dr. Fritz Traugott Schulz die Durcharbeitung der Litteratur und der Urkunden des Königlichen Staatsarchivs in Hannover übernommen und mit grösstem Interesse und voller Hingabe erledigt. Ihm ist es in erster Linie zu danken, dass viele bisher unbekannte Nachrichten gefunden und für die Kunstdenkmäler niedergeschrieben wurden. Dass diese Arbeiten erleichtert und von gutem Erfolge begleitet waren, ist zum grossen Theile dem Entgegenkommen des Vorstehers des Königlichen Staatsarchivs, Archivrath Dr. Doebner und des Archiv-Assistenten Dr. Fink bei der Benutzung des Archivs zuzuschreiben. Bei der Aufsuchung der vorhandenen Litteratur, welche sich vielfach verstreut, manchmal nur in kurzen Mittheilungen vorfindet, hat sich der Direktorial-Assistent Runde verdient gemacht. Dabei wurde neben der Königlichen und Provinzial-Bibliothek die Bibliothek des historischen Vereins für Niedersachsen benutzt. Die in den Pfarrarchiven befindlichen Kirchenbücher, Chroniken und Rechnungen wurden dem Herausgeber bei Gelegenheit der örtlichen Untersuchungen von den Kirchenvorständen behufs Einsichtnahme bereitwilligst zur Verfügung gestellt. Auch aus ihnen konnten Nachrichten über die Entstehung einzelner Bau- und Kunstwerke mehrfach entnommen werden; Auszüge aus denselben haben die Pastoren Mirow in Wilkenburg und Häsemeyer in Engelbostel bezüglich ihrer Kirchen und Kapellen geliefert.

Die Baubeschreibungen wurden auf Grund örtlicher Untersuchungen, bei denen der Architekt Heinrich Fischer behilflich war, angefertigt; die zeichnerischen und photographischen Aufnahmen, erstere soweit möglich nach einheitlichen Massstäben, sind für den vorliegenden Zweck fast ausschliesslich durch den Architekten Fischer unter der Leitung des Herausgebers neu angefertigt worden. Vorhandene Aufnahmen der Königlichen Klosterkammer (Fig. 40 und 73) und des Geheimen Regierungsraths C. W. Hase (Fig. 63 und 64), welche gütigst zur Verfügung gestellt waren, wurden ohne Weiteres benutzt.

Den Druck hat die Hofbuchdruckerei von Gebrüder Jänecke, die Herstellung der Druckstöcke für Strich- und Flächenätzung das Kunstinstitut von

P. Schreiber, die Anfertigung der Lichtdrucktafeln die Kunstanstalt G. Alpers jr. und den buchhändlerischen Vertrieb Theodor Schulzes Buchhandlung, sämmtlich in Hannover, übernommen.

Allen, welche mitgearbeitet, oder in anderer Weise das Werk gefördert haben, sei der herzlichste Dank ausgesprochen. Möge diese Veröffentlichung, deren erste Lieferung aus äusseren Gründen in kurzer Zeit fertiggestellt werden musste, eine freundliche Aufnahme finden, belebend auf Kunst und Handwerk wirken und dazu beitragen, in den weitesten Kreisen das Interesse zu wecken und zu wahren an dem reichen Schatze, den die alten Niedersachsen überliefert haben unserer Provinz Hannover!

Hannover, 12. November 1899.

Carl Wolff.

Ortsverzeichniss.

(Auf den stärker gedruckten Seiten ist der Ort im Zusammenhang behandelt.)

Verzeichniss der Abbildungen.

Sachverzeichniss.

(Die stärker gedruckten Seiten beziehen sich auf Abbildungen.)

Künstlerverzeichniss.

Der Landkreis Hannover.

Einleitung.

Der Landkreis Hannover wird im Norden und Osten vom Regierungsbezirk Lüneburg, im Süden vom Regierungsbezirk Hildesheim und vom Kreis Springe, im Westen von den Kreisen Linden und Neustadt, sowie vom Stadtkreis Hannover begrenzt. Er ist 272,68 qkm gross, hat 3670 Wohnstätten, 41 Landgemeinden und 5 selbständige Gutsbezirke. Das Land ist im Allgemeinen flach; mässige Erhöhungen finden sich im Süden und Nordwesten. Die Gegend von Wülferode und von Misburg zeigt ausgedehnte Waldungen. Es ist reich an Wiesen und Weiden; der leichte Sandboden herrscht vor. Moore sind nur im Norden vorhanden. Bewässert wird es in seinem südlichen Theil von der Leine mit verschiedenen Zuflüssen auf beiden Seiten und im Norden von kleineren Bächen und Gräben. Die Zahl der Einwohner beläuft sich auf 35 401, darunter 32 626 Evangelische, 2675 Katholiken und 50 Juden. Die grosse Masse derselben gehört dem niedersächsischen Stamme an. Die Bodenverhältnisse sind nicht derart, dass sie eine bedeutende Industrie hervorrufen könnten. Diese tritt vielmehr gegen die Landwirthschaft zurück. Bei dem Ueberwiegen von Ackerbau und Viehzucht ist auch der Handel mit landwirthschaftlichen Produkten am umfangreichsten. Als Hauptverkehrsstrassen sind zu nennen die Chausseen von Hildesheim, Elze, Neustadt a. R., Walsrode und Celle nach Hannover und die in Fig. 1 angegebenen Landstrassen. Unser Landkreis wird von folgenden Eisenbahnlinien durchschnitten: Hannover-Lehrte, Hannover-Göttingen und Hannover-Walsrode. Neuerdings wurde auch die elektrische Bahn von Hannover nach Hildesheim dem Verkehr übergeben.

Der Landkreis Hannover ist im früheren Fürstenthum Calenberg, dem nach und nach erweiterten „Land zwischen Deister und Leine“ belegen, welches ausser jenem die Kreise Linden, Springe, Hameln und einen Theil von Neustadt am Rübenberge umfasste. Nur mit dem nördlich von Misburg befindlichen Theil des Ahlter Waldes greift er in das ehemalige Fürstenthum Lüneburg über. Als Theil von Calenberg gehörte unser Landkreis zuerst zum Fürstenthum Lüneburg, später zu Braunschweig, fiel 1495 an Erich I., 1584, als diese Linie mit

Erich II. erlosch, an Braunschweig-Wolfenbüttel und kam 1635 an Herzog Georg, den jüngsten Sohn des im Jahre 1592 gestorbenen Herzogs Wilhelm.

Bezüglich der früheren kirchlichen Verhältnisse ist zu bemerken, dass der eine Theil der Orte der Diöcese Hildesheim, der andere der Diöcese Minden angehörte. Die Grenze bildete etwa eine Linie, welche von der Mündung der Innerste an bis Döhren dem Lauf der Leine folgte und sich von dort in

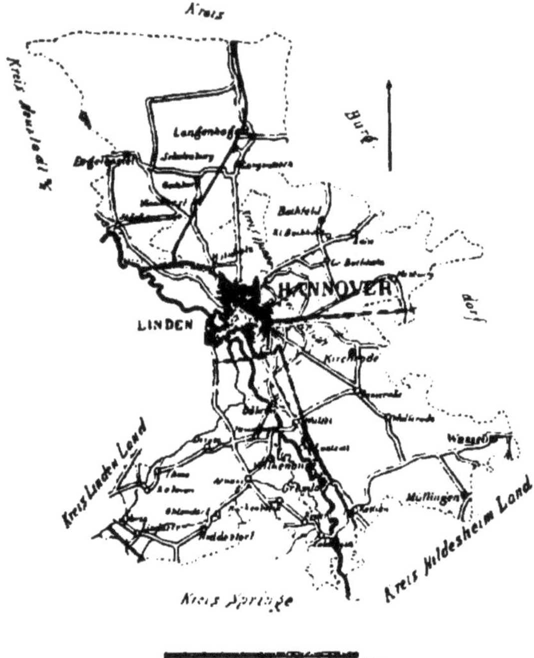

Fig. 1. Der Landkreis Hannover.

ziemlich gerader Richtung nach Norden wandte. Was östlich von derselben liegt, gehörte zur Diöcese Hildesheim, was westlich, zur Diöcese Minden.

Wenn auch hervorragende Kunstwerke in dem einfachen Landkreise nicht zu finden sind, so begegnen wir doch hin und wieder einer tüchtigen Leistung. Die Kirchen reichen bis in die romanische Zeit zurück und sind in einzelnen Theilen ziemlich rein erhalten, meist jedoch umgebaut. Vielfach wurden die Schiffe in späterer Zeit erneuert, besonders im XVIII. Jahrhundert und dabei die alten, gothischen Thürme beibehalten. Eine spätgothische Kapelle aus Backsteinen und Sandsteinen befindet sich in Laatzen; meist sind die Kapellen, welche den verschiedenen Jahrhunderten angehören, sehr einfache Bauwerke. Den tüchtigen Hannoverschen Bildhauern des XVI. und XVII. Jahrhunderts, unter denen in erster Linie Sutel zu nennen ist, verdankt der Kreis schöne Grabsteine, Epitaphien und Taufsteine. Aus dem XVIII. Jahrhundert ist der Altar des Bildhauers Ackermann in der Kirche zu Grasdorf besonders zu erwähnen. Die Glocken, Leuchter und Kelche gehören meist dem XVII. und XVIII. Jahrhundert an; vereinzelt kommen auch ältere Stücke vor.

Arnum.

Kapelle.

Litteratur: H. Sudendorf, Urkundenbuch zur Geschichte der Herzöge von Braunschweig und Lüneburg und ihrer Lande I, Urk. 109 und 184; VIII, Urk. 61 und 253 Anm.; W. von Hodenberg, Calenberger Urkundenbuch I, Urk. 137; C. L. Grotefend und G. F. Fiedeler, Urkundenbuch der Stadt Hannover, Urk. 86, 156, 176 und 405; H. A. Lüntzel, die ältere Diöcese Hildesheim, 33 und 48 Anm. 27; Mithoff, Kunstdenkmale und Alterthümer im Hannoverschen I, 8; W. Stedler, Beiträge zur Geschichte des Fürstenthums Calenberg, 1. Heft, 28 und 46.

Quellen: Kirchenrechnungen in Wilkenburg; Verzeichniss der kirchlichen Kunstdenkmäler von 1896.

Arnum kommt zuerst als Erne, wofür jedoch nach Ausweis der übrigen Urkunden Ernem zu lesen ist, im Lehnsregister des Bischofs Gottfried von Minden zwischen 1304 und 1320 vor. 1321 erwirbt das Kloster Barsinghausen Güter in Ernem von den Brüdern Volcmar und Everd von Alten; 1322 und in einem Verzeichniss der Villicationen des Hildesheimschen Domkapitels aus dem XV. Jahrhundert wird es als Ernum erwähnt. Daneben begegnen die Namensformen arnhum und arnem. Es gehörte mit Wilkenburg zum Archidiakonat Pattensen.

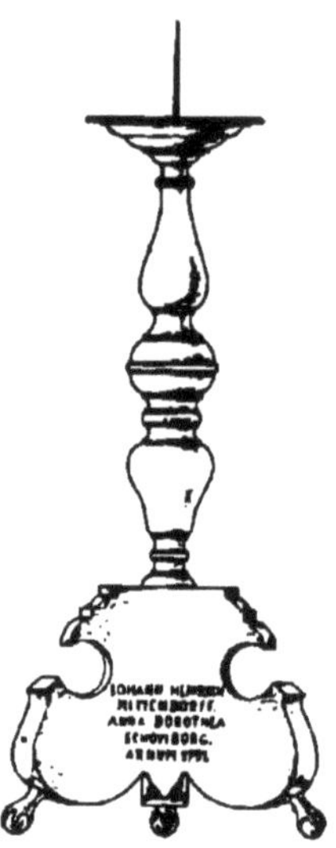

Fig. 2.
Kapelle in Arnum; Altarleuchter.

Die einfache, rechteckige Kapelle ist aus Bruchsteinen mit Eckquadern errichtet, trägt ein mit Pfannen gedecktes Satteldach, einen hölzernen Dachreiter an der westlichen Seite und zwei Fachwerkgiebel, von denen der östliche mit einem halben Walm versehen ist. Der mit einer Balkendecke nach oben gerade abgeschlossene Raum wird durch zwei spätere, rechteckige Fenster mit glatten Steingewänden auf den beiden Langseiten beleuchtet. Auf der Westseite ist ein älteres, schmales Fenster von rechteckiger Form erhalten, dessen Steingewände mit einem Fasen versehen sind. Die Thüre mit Steingewänden, deren Ecken durch einen Viertelstab gebrochen sind, trägt im Sturz die Jahreszahl 1720. Die auf der Westseite befindliche, in einfachen Formen gehaltene hölzerne Orgelempore zeigt an einem Balken die Jahreszahl 1658.

Altar. Der massive Altartisch trug früher an Stelle des jetzigen werthlosen, hölzernen Aufsatzes eine ungefähr 1,50 m breite und 3,0 m hohe aus Kupferblech ausgeschnittene Wand, welche auf der Rückseite durch Eisenbänder verstärkt, auf der Vorderseite vollständig bemalt ist. Die Tafel, welche jetzt in einem Nebenraum der Schule aufbewahrt wird, zeigt in einer gemalten Säulenarchitektur mit verkröpftem Gebälk die Kreuzigung mit den beiden Schächern, unten das heilige Abendmahl und die Jahreszahl 1729, oben das Wappen der Familie v. Bennigsen.

Altarleuchter. Auf dem Altartisch stehen zwei Leuchter (Fig. 2) von 67 cm Höhe, 1791 gestiftet.

Glocke. Im Dachreiter hängt eine Glocke von 44 cm Durchmesser mit der zweizeiligen Lapidarinschrift:

P. S. C. L. Lobet ihn mit hellen Cymbeln lobet ihn mit wolklingenden Cimbeln. 1643 Ludolf Siegfried me fecit.

Kelch. Ein 1769 gefertigter Kelch aus Zinn.

Bemerode.

Kapelle.

Litteratur: Chr. U. Grupen, Origines et Antiquitates Hanoverenses, 83—88; W. von Hodenberg, Calenberger Urkundenbuch IV, Urk. 55; C. L. Grotefend und G. F. Fiedeler, Urkundenbuch der Stadt Hannover, Urk. 24, 271, 275 und 278; H. A. Lüntzel, die ältere Diöcese Hildesheim, 45 Anm. 16 und 225; Mithoff, Kunstdenkmale und Alterthümer im Hannoverschen I, 12; Böttcher, Geschichte des Kirchspiels Kirchrode und der Umgegend, 2. Heft, 80, 158, 174 und 202. (Vergl. Bothfeld.)

Quellen: Verzeichniss der kirchlichen Kunstdenkmäler von 1896; Kgl. Staatsarchiv zu Hannover, Kloster Marienrode, Urk. 193.

Geschichte. Bemerode begegnet im Jahre 1259 als Bevingenrodhe und im Jahre 1288 als Bevingerodhe. Vom Jahre 1292 an überwiegt als Namensform Bevingerode. 1491 erscheint neben Bemirode auch schon Bemerode. In einer Urkunde vom Jahre 1321 ist von dem Kirchhof zu bevingerode die Rede. Bemerode gehört zum Kirchspiel Kirchrode und erhielt um 1300 eine Kapelle, welche 1757 repariert, inwendig erneuert und bemalt, mit neuen Fenstern und einer neuen Thüre mit steinernen Pilaren versehen, 1815 ausser Gebrauch gesetzt und 1825 abgebrochen wurde. Die neue, im Jahre 1867 erbaute Kapelle ent-

Glocke. hält eine Glocke von 56 cm Durchmesser mit der Inschrift am Kranze:

Tohmas Rideweg̃h hat mich gegossen in Hannover anno 1697.

Am Halse stehen in einer zweizeiligen, zwischen zwei Rankenfriesen befindlichen Lapidarinschrift die Worte:

Herrn Lorens Julius Berckelman Gerichtsherr zu Bemerode.
Herrn Johannes Ludovicus Stein Pastor.

und in der Mitte:

M: Hans Dedecken
M. Melcher Eltz Capellen Vorsteher.

Die alte Glocke war gesprungen; Berckelmann liess sie 1697 auf seine Kosten neu giessen.

Bothfeld.

Kirche.

Litteratur: H. Sudendorf, Urkundenbuch zur Geschichte der Herzöge von Braunschweig und Lüneburg und ihrer Lande VIII, Urk. 1551; X, Urk. 116 und 131; C. L. Grotefend und G. F. Fiedeler, Urkundenbuch der Stadt Hannover, Urk. 40, 168 und 169; H. A. Lüntzel, die ältere Diöcese Hildesheim, 223 und 225; Vaterländisches Archiv des historischen Vereins für Niedersachsen, 1837, 76; Mithoff, Kunstdenkmale und Alterthümer im Hannoverschen I, 16; Böttcher, Geschichte des Kirchspiels Kirchrode, 2. Heft, 89 ff; vergl. Kirchrode.

Quellen: Verzeichniss der kirchlichen Kunstdenkmäler von 1896.

Bothfeld erscheint 1274 als Bolvelde. 1288 schenkt der Graf Johann von Wunstorf der Kirche zu Botvelde eine Hufe Landes zu den Lichtern, dem Weine und anderem Gebrauche der Kirche. 1295 am Tage der heiligen Gertrud schenken die Grafen von Hallermund zur Loslösung der Bothfelder Einwohner von der Jakobi-Kirche zu Roden (Kirchrode) der letzteren zwei Hufen Landes vor Bemerode. Die Loslösung von der Mutterkirche erfolgte mit Einwilligung des Abtes Bodo von Marienrode jedoch erst vollständig im Jahre 1359 dadurch, dass die Bothfelder auch von der Verpflichtung, zu den Baulasten in Kirchrode beizutragen, durch eine Schenkung der Ritter Otto und Aschwin von Roden befreit wurden. 1479 erscheint urkundlich die Kirche „SS. Nicolai et Antonii in Botfelden“. Geschichte.

Das anspruchslose Gotteshaus (Fig. 3) besteht aus einem rechteckigen Schiff und einem Westthurm. Das im Jahre 1777 massiv erbaute, mit einem hölzernen Tonnengewölbe überdeckte Schiff ist aussen 19,5 m lang und 10,6 m breit, hat auf jeder Langseite fünf flachbogig geschlossene Fenster mit Eingangsthüre unter dem mittleren Fenster und zweigeschossige hölzerne Emporen auf der West-, Nord- und Südseite. Die Dachfenster schneiden in das Tonnengewölbe ein. An der Ostseite unter dem Holzgesimse die Inschrift: Beschreibung. Schiff.

Amtman Aly Pastor Bertram M. Cord Heinrich Constabel 1777 Voigt Heise Bauher,

am obersten Eckquader rechts: „M. J. C. B.“ und an der Südseite im Wandputz die Zahl 1777.

Der massive, aus Ortsteinen erbaute Thurm, 9,0 m lang, 7,4 m breit, stammt noch aus der gothischen Zeit. Er hat im Norden und Süden je eine, im Westen und Osten je zwei flachbogig geschlossene Schallöffnungen, darunter mehrere schmale, rechteckige Oeffnungen, im Westen einen spitzbogigen Thurm.

Eingang mit Sandsteingewänden, welche nach aussen abgefast sind, einen jetzt vermauerten, spitzbogigen Durchgang nach dem Schiff und auf der West- und Südseite unten zwei eingemauerte Steine mit gothischem Kreuz. Der Helm ist achteckig und mit Schiefer bekleidet.

Altar. Kanzel. Die einfache Altarwand besteht aus Holz, enthält über dem Altar die Kanzel und stammt aus der zweiten Hälfte des XVIII. Jahrhunderts.

Altarleuchter. Zwei Altarleuchter aus Bronze. XVIII. Jahrhundert.

Grabsteine. Auf dem Kirchhofe stehen 17 Grabsteine aus dem XVII. und XVIII. Jahrhundert, welche zum Theil in schematischer Darstellung die Bildwerke des

Fig. 3. Kirche zu Bothfeld.

Gekreuzigten und der Familienmitglieder — der männlichen auf der einen, der weiblichen auf der anderen Seite — oder nur das Bild des Verstorbenen enthalten. Einige Steine sind von schöner Ausführung. Der Stein des 1749 gestorbenen Hans Heinrich Meier ist mit einer Darstellung der Jakobsleiter versehen; Fig. 4 zeigt den Stein des Heinrich Gernsz, gestorben 1762, mit einer Darstellung des 1. B. Moses, 12. Kap. und der Inschrift:

> Gehe aus deinen Vaterlande und von deiner Freundschaft und aus deines Vaters Hause in ein Land, das ich dir zeigen will.

I.

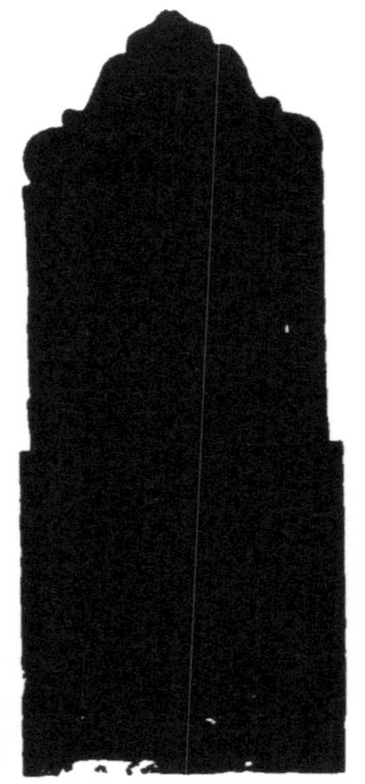

Fig. 4–8

KIRCHE IN BOTHFELD; GRABSTEINE.

Auf dem Steine des 1661 gestorbenen Heinrich Hanebuht ist der Gekreuzigte mit der Familie in einer Landschaft dargestellt; unten befindet sich der Name des Meisters M. Peter Koster (Fig. 5). Daneben steht ein kleiner Stein des neunjährigen Heinrich Hanebut, gestorben 1656 (Fig. 6), sowie der Grabstein des im Jahre 1663 gestorbenen Heinrich Reineke mit dem Bilde des Auferstandenen und dem Namen des Meisters in den Anfangsbuchstaben M. P. K. (Fig. 7). Fig. 8 zeigt den grossen, reich gearbeiteten Stein des Hennig Henke, Churfürstlich Braunschw. Lüneburg. Voigt zu Bothfeld, gestorben 1725 mit der Taufe und der Geisselung. Ein anderer Stein trägt die Bezeichnung des Meisters „J. G. S."

Kelch aus Silber, vergoldet, 1796. **Kelch.**

Sechseckiger Taufstein aus dem XVII. Jahrhundert in den Formen desjenigen in Langenhagen, aber ohne besonderen Werth, ohne bildliche Darstellungen und Inschriften. **Taufstein.**

Coldingen.

Amtshaus, Kapelle, Schloss.

Litteratur: H. Bünting, Braunschweigische und lüneburgische Chronika, 1596, II, 66a; Merian, Topographia und eigentliche Beschreibung der vornembsten Stäte, Schlösser auch anderer Plätze und Oerter in denen Hertzogthümern Braunschweig und Lüneburg, Frankfurt 1644, 70; (Koch,) Versuch einer pragmatischen Geschichte des durchlauchtigsten Hauses Braunschweig und Lüneburg, Braunschweig 1764, 310; H. Sudendorf, Urkundenbuch zur Geschichte der Herzöge von Braunschweig und Lüneburg und ihrer Lande I, Urk. 184; II, Urk. 450; III, Urk. 138; IV, Urk. 236; V, Urk. 174, 175 und 177; VI, Urk. 90; VIII, Urk. 253 Anm.; W. von Hodenberg, Calenberger Urkundenbuch III, Urk. 527; C. L. Grotefend und G. F. Fiedeler, Urkundenbuch der Stadt Hannover, Urk. 167; Neues vaterländisches Archiv 1821, I, 14 und 15 Anm.; Rehtmeier, Braunschweig-Lüneburgische Chronika 1722, II 867; H. A. Lüntzel, die ältere Diöcese Hildesheim, 33; W. Havemann, Geschichte der Lande Braunschweig und Lüneburg II, 739; W. Stedler, Beiträge zur Geschichte des Fürstenthums Calenberg, 1. Heft, 49; Mithoff, Kunstdenkmale und Alterthümer im Hannoverschen I, 20 und 21; Bertram, Geschichte des Bisthums Hildesheim I, 350 und 425.

Quellen: Kgl. Staatsarchiv zu Hannover, Kloster Marienwerder, Urk. 160 und 162, Domstift Hildesheim, Urk. 1007 und Hann. Des. 88 A Coldingen H. 1. Conv. III (Inventar.)

Coldingen erscheint urkundlich bereits 1298. In diesem Jahre verkauft Graf Adolf von Schauenburg dem Kloster Loccum 5 Hufen „in villa Koldinegen parrochie pattensen". Im Lehnsregister des Bischofs Gottfried von Minden, zwischen 1304 und 1324, ist es als colden aufgeführt. Nach dem ums Jahr 1330 geschriebenen Verzeichniss gehörte zu den 88 Ortschaften, welche Antheil am Deisterwalde hatten, auch ein Koleghem, das nach Sudendorf mit unserem Coldingen identisch ist. In dem Lehnsregister der Herzöge Otto und Wilhelm zu Braunschweig und Lüneburg, zwischen 1330 und 1352, wird es als coldegen erwähnt. 1350 kommt nebeneinander Coldighen und Koldeghen und 1383 die **Geschichte.**

heutige Namensform vor. Nach dem zu Braunschweig am 17./27. April 1643 abgeschlossenen Recess belehnte der Bischof von Hildesheim das Calenbergische Fürstenhaus mit Coldingen und Westerhof.

Das Schloss Coldingen war zuerst Besitzthum der Herren von Reden. Im Jahre 1353 geloben die Gebrüder Ritter Bertold und Knappe Segeband von Reden und ihre Söhne, dem Herzog Wilhelm von Braunschweig und Lüneburg ihr Schloss Coldeghe, welches er ihnen durch einen Bergfried von Holz und durch Gräben, aber nicht durch Mauern zu befestigen erlaubt hat, stets offen zu halten und bewilligen ihm das Näherrecht an demselben. Vermuthlich derselbe Segeband wird in einer Urkunde vom Jahre 1361 als Seghebant van reden de tů Koldynghe wonet erwähnt.

Bald darauf aber scheint es ganz in die Hände der Braunschweig-Lüneburgischen Herzöge übergegangen zu sein, wenigstens verpfändet es im Jahre 1372 Herzog Magnus dem Bischofe Gerhard und dem Domkapitel zu Hildesheim aus Noth und Krieges wegen. Im Jahre 1379 wurde es von Bischof Gerhard in dessen Fehde mit Herzog Albrecht von Sachsen und Lüneburg erobert. Beim Friedensschluss im darauf folgenden Jahre leisten die Herzöge Wenzlaus und Albrecht von Sachsen und Lüneburg und Herzog Bernhard von Braunschweig und Lüneburg, sowie Gottschalk, Wilbrand und Burchard von Reden zu Gunsten des Bischofs Gerhard von Hildesheim und seines Stiftes Verzicht auf das hûs to Koldinge und dessen Zubehör; das Gleiche thun auch die Herzöge Friedrich und Heinrich von Braunschweig und Lüneburg. 1384 verkauft Segeband von Reden aus Noth dat Verndel dat er (ek) hadde an Koldingen mit der Wohnung und allem Zubehör für 190 löthige Mark dem Bischofe Gerhard und seinem Stifte. 1474 wurde das Schloss in der Fehde zwischen dem Bischof Henning von Hildesheim und den Braunschweigischen Herzögen von diesen hart belagert, jedoch mit Hülfe der Bürger von Hildesheim dem Bischof gerettet. In demselben Jahre zerstörten die Herzöge von Braunschweig der Stadt Hannover zum Vortheile die Befestigung des Schlosses Coldingen, und es einigten sich die Herzöge Wilhelm und Friedrich zugleich in ihres Vaters Namen mit der Stadt Hannover dahin, dass sie das Schloss Coldingen mit Blockhäusern und Schanzkörben bestallen und verbauen, sowie drei Theile der Kriegsgeräthschaft auf ihre Kosten halten wollten, während die Stadt den übrigen vierten Theil stehen sollte. Bemächtigten sie sich des Schlosses, so sollte dasselbe sowie die Blockhäuser, Schanzkörbe und alle Gebäude von Grund aus zerstört und vernichtet, auch niemals in ewigen Zeiten wieder aufgebaut werden.

Das fürstliche Ampthausz Coldingen wurde nach Merian im Jahre 1364 erbaut und in den zwischen Braunschweig-Lüneburg und Hildesheim im Jahre 1519 und in den darauf folgenden Jahren entstandenen Kriegen und Fehden ganz verwüstet und zerstört. Herzog Heinrich Julius († 1613) baute es wieder auf. 1748 erhielt es einen neuen Anbau.

Beschreibung. Amtshaus. Aus demselben Jahre stammt auch die anscheinend erste Nachricht über die Kapelle zu Coldingen. Sie war inwendig „gedönchet und geweisset“ und oben unter der Decke „mit einem Gesimse von Stuccadur-Arbeit ausgezieret“. Sie war mit Emporen versehen und hatte einen gemauerten Altar. Die Kanzel, als alt bezeichnet, war von Eichenholz verfertigt, mit einem Pult versehen, von aussen mit Figuren bemalt und mit altem rothen Tuch bekleidet. Vorhanden war ein silberner Kelch nebst dazu gehöriger Patene.

Beschreibung. Amtshaus.

Das Amtshaus, welches nach Merian mit steilen Giebeln, Dacherkern und einem haubenbedeckten Thurm in der Art des XVII. Jahrhunderts versehen war, ist ein grosses, aus starken Mauern und in einfachen Formen gebautes, rechteckiges Gebäude, dessen Satteldach auf den beiden Kurzseiten heute mit halben Walmen abschliesst. Es enthält zwei durch ein Gurtgesims in Fussbodenhöhe getrennte, bewohnbare Geschosse und gekuppelte Fenster mit Sandsteingewänden nach Fig. 9, welche im Inneren in einer gemeinsamen, flachbogig überwölbten, tiefen Nische liegen. Der Haupteingang auf der nördlichen, nach dem Hofe gelegenen Kurzseite ist ein Sandsteinportal mit flachem Bogen zwischen zwei seitlichen glatten Pfeilern, verkröpftem Gesims und der Zahl 1750 im Fries.

Fig. 9. Amtshaus in Coldingen; Fenster. 1 : 50.

Kapelle.

Im anschliessenden Nebengebäude ist zu ebener Erde die rechteckige Hauskapelle eingebaut, ein schlichter Raum, welcher mit seinem Inhalte besonderes Interesse nicht bietet. Ueber der Eingangsthür die Inschrift in Lapidaren:

Qvod svasit pietas opera stvdioqve Iohannis
Kavfmanni fvit haec aedificata domus
sancta sit vt fidei schola et officina salvtis
qvae sonet et discat dogmata pvra dei
Christe tvvm cetvm, qvi te discitqve docetqve
irradians doceat nvminis arra tvi
sic bene Kauffmanni cedet labor atqve vigebit
lavs tva, cvi domvs haec aedificata fvit.
Anno Christi 1593.

Darunter im Thürsturz „Renovat. anno 1747“.

Schloss.

Einige Grundmauern und Kellerräume auf einer nahegelegenen Anhöhe, der alten Drostei, dürften die Stelle bezeichnen, an welcher das Schloss Coldingen gestanden hat.

Devese.

Kapelle.

Litteratur: H. Sudendorf, Urkundenbuch zur Geschichte der Herzöge von Braunschweig und Lüneburg und ihrer Lande VI, Urk. 109 und VIII, Urk. 253 Anm.; Mithoff, Kunstdenkmale und Alterthümer im Hannoverschen 1, 24.

Quellen: Kgl. Staatsarchiv zu Hannover, Cal. und Hann. Hausverträge, Urk. 9; Verzeichniss der kirchlichen Kunstdenkmäler von 1896.

Geschichte. Devese wird in dem um 1330 geschriebenen Verzeichniss der 88 Ortschaften, welche Antheil am Deisterwalde haben, als deueffe aufgeführt; daneben finden sich gegen Ende des Jahrhunderts die Namensformen deuefen und deueffen, von denen letztere 1432 wiederkehrt.

Beschreibung. Die sehr einfache Kapelle dürfte dem XVII. Jahrhundert angehören und erhebt sich auf einem hohen Sockel aus Bruchsteinen, welcher im Inneren des Gebäudes vorsteht. Sie hat hier eine Länge von 7,2 m und eine Breite von 4,7 m. Die in ausgemauertem Fachwerk konstruierten Umfassungswände sind überaus schlicht gehalten und tragen die an der Ost-, Süd- und Nordseite übersetzenden Deckenbalken mit profilierten Konsolen. Das mit Pfannen gedeckte Satteldach endigt im Westen als bretterverschalter Giebel und trägt hier einen Dachreiter, während die Ostseite mit halbem Walm versehen ist. Im Dachreiter hängt eine Glocke, welche zur Zeit der Untersuchung nicht zugänglich war und nach Angabe die Inschrift trägt:

Glocke.

> Dei gemeine zu Defess hat diese Glocken zur Ehre Gottes gisen lassen 1643. Ludolf Siefried me fecit.

Döhren.

Kirche.

Litteratur: H. Sudendorf, Urkundenbuch zur Geschichte der Herzöge von Braunschweig und Lüneburg und ihrer Lande I, Urk. 184; II, Urk. 74, 79, 222, 223, 400 und 486; IV, Urk. 350 und IX, Urk. 185; C. L. Grotefend und G. F. Fiedeler, Urkundenbuch der Stadt Hannover, Urk. 167, 234 und 235; H. A. Lüntzel, die ältere Diöcese Hildesheim, 10, 45 Anm. 15 und 16, 111, 223, 346 und 359; Mithoff, Kunstdenkmale und Alterthümer im Hannoverschen I, 24 und 25; Zeitschrift des historischen Vereins für Niedersachsen 1863, 69; Vaterländisches Archiv 1835, 211 und 214; Böttcher, Geschichte des Kirchspiels Kirchrode, 2. Heft, 11 und 16; W. Havemann, Geschichte der Lande Braunschweig und Lüneburg III, 230; A. Köcher, Geschichte von Hannover und Braunschweig II, 163; C. Schuchhardt, Grabmäler der Renaissance in der Stadt Hannover, Hannoversche Geschichtsblätter, 1898, No. 16—19; vergl. auch Laatzen und Wülfel.

Quellen: Verzeichniss der kirchlichen Kunstdenkmäler von 1896; Verzeichniss der sämmtlichen Kirchen-Stände in der Kirche zu Döhren; Kirchbuch zu Dören.

Geschichte. Ein brothger de thurnithi erscheint als Zeuge in einer in die Jahre 983 bis 993 gesetzten Aufzeichnung über Feststellung der Grenzen zwischen den Bisthümern Hildesheim und Minden. In einer Urkunde Kaiser Heinrichs vom

Jahre 1022 lautet die Namensform Thornithe, und im Lehnsregister des Bischofs Gottfried von Minden, zwischen 1304 und 1324, ist es als dorne aufgeführt. 1311 und 1316 kommt es als Dornede und 1344 als Dörnede vor. 1320 erfahren wir von dem kerklen to Dornde. Im Lehnsregister der Herzöge Otto und Wilhelm zu Braunschweig und Lüneburg, zwischen 1330 und 1352, findet sich die Schreibweise Dorrenten. 1392 war hermen pernehr (Pfarrer) to Dorede. Als sich die welfischen Fürsten 1671 in dem eroberten Braunschweig verglichen, überliess Johann Friedrich gegen Abtretung der Dörfer Döhren, Wülfel und Laatzen und der Gerichtsbarkeit auf dem Aegidienfelde vor Hannover seinem Bruder Georg Wilhelm die ihm zustehende Berechtigung an dem Dannenbergischen Anfall.

Die alte, dem heiligen Petrus geweihte, wahrscheinlich gothische Kirche war gewölbt. Sie wurde 1710 durch einen Neubau ersetzt, welcher 81 Fuss lang, 24 Fuss breit war und mit Dielen gewölbt und getüncht wurde. Bei einem Umbau des Jahres 1782 wurden die oberen Theile erneuert, die Umfassungsmauern um neun Fuss erhöht, und die Kanzel über den Altar verlegt. 1828 bis 1830 fand die Verlegung der über der Kanzel ungünstig angebrachten Orgel nach der entgegengesetzten Seite statt. Die in neuester Zeit in gothischen Formen umgebaute, mit Querschiff versehene Kirche hat einen rechteckigen Chor mit abgeschrägten Ecken, Strebepfeiler und enthält noch Reste des alten Bauwerks.

Der rechteckige Westthurm ist noch der alte. Er ist aus Bruchsteinen erbaut, mit einem vierseitigen Helm bedeckt und öffnet sich nach dem Schiff mit einem breiten Spitzbogen. Sein Glockengeschoss enthält auf drei Seiten je eine flachbogig geschlossene Schallöffnung, auf der Ostseite zwei kleine Oeffnungen; im Uebrigen sind nur schmale, rechteckige Fensterchen vorhanden. Die alte Thüre auf der Südseite ist im Spitzbogen geschlossen und mit einem Fasen profiliert; über derselben steht in gothischen Minuskeln das Jahr 1495. Der Sockel ist als Hohlkehle, das Gurtgesims als Hohlkehle mit Fasen unter einem Wasserschlag, das Hauptgesims als Hohlkehle gebildet, welche direkt in die Wand übergeht und oben ein Plättchen trägt. Beschreibung. Thurm.

Ein silbernes Ciborium enthält auf dem Deckel die Inschrift: Ciborium.

Zu Gottes ehren und dessen hochheyligen nachtmahl,

darunter das Doppelwappen und die Jahreszahl 1683. Auf der Unterseite steht geschrieben:

Gegeben von Hauptman Johan Christoff Gakenholtz und Fraw Magdalena Hedewig von Lansberg 1683.

An der Nordwand der Kirche das giebelgekrönte Epitaphium der 1568 gestorbenen Katharina Mollers, Hausfrau des M. Hans Seliger mit der Darstellung des Gekreuzigten, einer Gruppe Betender und den Evangelistenzeichen in den vier Ecken. Epitaphium.

Die kleine Glocke mit 73 cm Durchmesser trägt am Halse zwischen zwei Ornamentstreifen die Lapidarinschrift: „H. Heinrich Georg Foobose Pastor“ und „Soli deo gloria“. Glocken.

Darunter vorne in fünf Zeilen:

H. Albrecht Lofher Gogrefe
Jacobus Picker Custos
Christoff Saltzenberg
Hinrich Krack Hans Hinrich Schelke
Kirchen Juraten

und in zwei Zeilen auf der Rückseite:

Nicolaus Greve gos mich in Hannover anno 1694.

Die grössere, laut Inschrift 1743 von Joh. Heinr. Christ. Weidemann in Hannover gegossene Glocke hat einen Durchmesser von 105 cm und enthält in einer zehnzeiligen Lapidarinschrift, deren Buchstaben zwischen je zwei herumlaufenden Linien liegen, oben und unten durch Ornamente abgeschlossen, eine Reihe von Namen und den Bibelspruch Psalm 95.

Grabsteine. Auf der Nordseite der Kirche steht jetzt ein Grabstein aus dem Anfange des XIX. Jahrhunderts, ferner der Rest eines solchen von 1617, dann ein Grabstein mit der Darstellung des Verstorbenen, in grosser Figur vor einem kleinen Kreuze knieend (XVII. Jahrhundert), ohne Bezeichnung, und der Rest eines schön gearbeiteten Steines des Jobst Moller aus dem XVII. Jahrhundert mit der Darstellung: Lasset die Kindlein zu mir kommen u. s. w. (Fig. 10). Ausserdem ist hier ein gut erhaltener Leichenstein an der Mauer angebracht, welcher neben den Zeichen der Evangelisten den Gekreuzigten mit vier knieenden männlichen Figuren zeigt und die Lapidarinschrift trägt:

Fig. 10. Kirche in Döhren; Grabstein.

Anno 1554 · den · 18 · Jan · is de · ehr · und · achtbar · Evert · Haskamp · in · Godt · vorscheden · Anno · 1553 · den · 10 · Aug · is · Otto · Haskamp · in · der · Schlacht · vor · Getel · gebleven · Anno · 1562 · den . 17 . Martii · is · Herman · Haskamp · in · Frankrich · gebleven · Licht · tho · S · Andres · begraven · Anno · 1568 · den · 25 · Mart · is · Hans · Haskamp in · Godt · vorscheden · Godt · wolle · one · alle · gnedich · sin · Joh · am · 3 · Cap · also · hefft · Godt · de · Weldt · gelevet · dat · he · sinen enigen · Son gaf · vp · dat · alle · de · an · ohne · gelove · nicht · vor . . . . rden . synd . . . . . . wige · Leven ·

Ein anderer Stein enthält die Worte:

Der Redlichsten Einer,
Johann Ludewig Mehmet von Königstreu
geboren den 12ten November 1709,
gestorben den 4ten May 1775.

Auf dem nördlich der Kirche gelegenen Platze erhebt sich das Denkmal des Generalmajors, Chefs des Celleschen und Diepholzschen Landregiments, Friedrich August von Geyso, geb. 1715, gest. 1787. Es besteht aus einem schweren, viereckigen Sockel, welcher eine Urne trägt.

Ein gothisirender Kelch aus Silber, vergoldet, mit einem Fuss in Sechsblattform, enthält am Nodus sechs vortretende, rautenförmig gestaltete Zapfen mit blauem und grünem Schmelzwerk, am Fusse einen gegossenen Crucifixus und eine Reihe von Namen der Stifter nebst den einzelnen Beiträgen; unter dem Fuss steht die Jahreszahl 1598. Die zugehörige Patene enthält ebenfalls die Namen und Beiträge. Kelch.

Engelbostel.

Kirche.

Litteratur: H. Sudendorf, Urkundenbuch zur Geschichte der Herzöge von Braunschweig und Lüneburg und ihrer Lande II, Urk. 440 und 567; VI, Urk. 118; siehe auch V, Urk. 200; W. von Hodenberg, Calenberger Urkundenbuch I, Urk. 45; VI, Urk. 121 und 123; Chr. U. Grupen, Origines et Antiquitates Hanoverenses, 100 und 101; H. A. Lüntzel, die ältere Diöcese Hildesheim, 43, siehe auch 49 und 50; Mithoff, Kunstdenkmale und Alterthümer im Hannoverschen I, 30.

Quellen: Verzeichniss der kirchlichen Kunstdenkmäler von 1896; Kirchenrechnungen und Akten in Engelbostel; Kgl. Staatsarchiv zu Hannover, Kloster Marienwerder, Urk. 1 und 122, und Hann. Des. 113 K II A 12b Ea Nr. 16; Redeker, Hist. Collect. MS. in der Magistratsregistratur zu Hannover (bis zur Mitte des XVIII. Jahrhunderts reichend).

Als Graf Konrad von Roden 1196 das Kloster Marienwerder stiftete, schenkte er ihm unter anderem die Kirche zu Engelbostel, in der Urkunde Hendelingeburstelle genannt. Im Jahre 1329 erhielt dasselbe Kloster an Stelle des Patronatrechtes über die Kirche in Endelingheborstolde durch den Grafen Johann von Roden dasjenige über die Kirche in Linden. 1223 erscheinen als Zeugen Renoldus de Endelingeborstel und Tidericus de Endelingeborstele, 1266 Lothewicus de endelincgeborstolde. 1324 kommt der Ort als Enghelingheborstel vor. 1353 wird von Hermannus quondam rector ecclesie in Endelingeborstolde, Mindensis diocesis berichtet. 1356 begegnen wir der Namensform Enghelingeborstolde. In der Streitsache zwischen dem Herzog Albrecht von Sachsen und Lüneburg und den in die Reichsacht geratenen Leuten von Mandelsloh im Jahre 1385 klagen diese jenen an, dass er dat torp to engelingeborstelde de kerken vnde den kerchoff geschint vnde gebrand, also von Grund auf zerstört habe. Engelbostel gehörte zum Archidiakonat Pattensen. Geschichte.

Im Jahre 1787 wurde ein Neubau beschlossen, im Jahre 1788 begonnen und mit einem Kostenaufwande von 5708 Thalern 26 Gr. 6 Pf. ausgeführt. Der Thurm der alten Kirche blieb stehen und erhielt zwei niedrige Strebepfeiler. Ausser den Handwerksmeistern sind aus den Akten bekannt der Bildhauer Matern und der Maler Gerloff. 1814 wurde der Thurm einer Reparatur unterzogen.

Beschreibung. Schiff. Die einfache Kirche ist rechteckig, aussen 29,5 m lang, 16,5 m breit, massiv, geputzt, mit Eckquadern versehen und mit einem nach Osten abgewalmten Satteldach überdeckt. Auf der Ost- und Westseite befinden sich je zwei, auf den Langseiten je fünf mit glatten Sandsteingewänden umrahmte, flachbogig geschlossene Fenster und unter dem mittleren Fenster je eine Thür. Ein Quader der Westseite an der südlichen Ecke enthält den Namen des Meisters und das Baujahr: C. Büttner 1788. Die Holzstützen der seitlichen

Fig. 11. Kirche in Engelbostel.

Emporen tragen die aus Holz hergestellte, geputzte Decke, welche über dem mittleren Theil gewölbt, über den Emporen waagerecht ist. Die innere dekorative Malerei stammt aus dem Jahre 1894. (Fig. 11.) Früher stand in der Axe des Schiffes vor dem Altar ein Lesepult, welches nunmehr entfernt ist.

Thurm. Der axial gestellte Westthurm von 9,3 m Länge und 6,3 m Breite ist aus Bruch- und Ortsteinen erbaut, hat einen achtseitigen, schiefergedeckten Helm, im Westen drei, im Norden und Süden je eine flachbogige Schallöffnung, an den freistehenden Ecken zwei niedrige Strebepfeiler aus dem Jahre 1788, auf der Südseite einen flachbogig überdeckten Eingang und einen ebensolchen

Durchgang nach der Kirche. Im Thurm sind Reste einer Holzdecke mit ornamentaler Malerei erhalten.

Altar. Kanzel.

Der Altar mit darüber befindlicher Kanzel aus Holz zwischen zwei Säulen mit verkröpftem Gebälk und seitlichen, rundbogig geschlossenen Durchgängen stammt aus der Zeit der Erbauung des Schiffes. Das Ganze ist ein Werk des Bildhauers Matern.

Altarleuchter.

Zwei Altarleuchter aus Bronze, inschriftlich aus dem Jahre 1734.

Glocken.

Eine Glocke mit 85 cm Durchmesser trägt vorn in der Mitte das Hochbild des Gekreuzigten und am Halse die zweizeiligen Inschriften: „Johann · David · Leopold · Hornbostel · Pastor“ · und: „Auff Kossten der Gemeinde zu Engelbostel bin ich gegossen“. Am Kranze die Inschrift: „Goss mich P. A. Becker zu Hannover. Anno 1782“. Die Buchstaben der Lapidarinschriften stehen auf herumlaufenden Linien. Die grösste Glocke mit 112 cm Durchmesser enthält am Halse die vierzeilige, von zwei Blattreihen eingefasste Lapidarinschrift:

> Kompt lasst vns anbeten vnd knien vnd nieder fallen fvr dem Herrn der vns gemacht hat Psalm 95 ♣ Herr Georg Vilther Pastor Conradt Johan Lodting Gogreven □ Altarmenner Curdt Deeken Bastian □ Witneber Hinrich Wiesen Tilen Hasen ♣ Petrus Lochavw Custer ♣ Heinrich Gosewisch Luder Bomgarte ♣ ♣ ♣ das gesampte Kirchspiel Engelbostel hat mich in Hannover dvrch M. Lvdolff Siegfridt giessen lassen anno 1651 ♣

Bei ♣ befindet sich jedesmal eine Rosette, bei □ ein Ornament. Die einzelnen Zeilen sind durch schmale Blätterfriese von einander getrennt. In der Mitte der Glocke und am Kranze je eine herumlaufende Ranke. Die dritte Glocke von 105 cm Durchmesser hat Inschriften am Halse, deren Lapidarbuchstaben durch je zwei Linien oben und unten begrenzt sind: „Herr Johann Christian Hencke Pastor“. Darunter in sechs Zeilen:

> Hilff Herr Jesu lass gelingen.
> Seegne unser Gottes Haus.
> Gib uns Heyl zu allen Diengen.
> Wen wir gehen ein und aus.
> Hilff das uns die neüe Glocke.
> All zu mahl im Himmel locke.

Auf der Rückseite sind vier Zeilen:

> Kommet kommet lasset uns auf den Berg des Herrn gehen zum Hause des Gottes Jacobs das er uns lehre seine Wege. Esai: 2. V 3.

und am Kranze:

> Das gesamble löbliche Kirch: Spiel Engelbostel hat mich in Hannover giessen lassen · von M: Thomas Rideweg anno 1726.

Godshorn.

Kapelle.

Litteratur: H. Sudendorf, Urkundenbuch zur Geschichte der Herzöge von Braunschweig und Lüneburg und ihrer Lande III, Urk. 292; C. L. Grotefend und G. F. Fiedeler, Urkundenbuch der Stadt Hannover, Urk. 4 und 434; H. A. Lüntzel, die ältere Diöcese Hildesheim, 43; Mithoff, Kunstdenkmale und Alterthümer im Hannoverschen I, 36.

Quellen: Kirchenrechnungen und Akten in Engelbostel; Verzeichniss der kirchlichen Kunstdenkmäler von 1896.

Geschichte. Unter den Zeugen einer ums Jahr 1225 ausgestellten Urkunde Konrads de Roden erscheint ein Baldewinus de Gutereshorn (vergl. zu der Urkunde: Zeitschrift des historischen Vereins für Niedersachsen 1858, 38). In einer Urkunde des Herzogs Wilhelm von Braunschweig und Lüneburg aus dem Jahre 1366 wird der Ort als Goterfhorne erwähnt. Er gehörte zum Archidiakonat Pattensen.

1823 wurde aus der Kapelle die alte verfallene, seit Menschen Gedenken nicht mehr im Gebrauch gewesene Kanzel entfernt.

Beschreibung. Die dort vorhandene Kapelle ist in ausgemauertem Fachwerk hergestellt, mit drei Seiten des Sechsecks geschlossen, im Ganzen 10,6 m lang, 6,2 m breit und enthält einen bretterverschalten Westgiebel und einen viereckigen, westlichen Dachreiter. Profilierte Holzkonsolen unter dem Dache bilden den einzigen äusseren Schmuck. Die Fenster sind rechteckig, die Deckenbalken und Zwischenfelder geputzt.

Altar. Den steinernen Altar bedeckt eine Grabplatte mit der Jahreszahl 1482 und einer nur noch theilweise leserlichen Inschrift in gothischen Minuskeln. Die Altarwand aus dem XVI. Jahrhundert besteht aus Holz und trägt oben mehrere Figuren und den Gekreuzigten aus Holz geschnitzt, mit den Evangelisten an den Enden des Kreuzes. Der Gekreuzigte mit gutem Gesichtsausdruck gehört dem Ende des XV. Jahrhunderts an. Auf der rechten Seite sehen wir eine tüchtige Arbeit des XV. Jahrhunderts: Die Heilige Anna mit dem Jesuskinde auf dem Arm, welchem die daneben stehende Maria einen Apfel reicht. Links vom Kreuze sind zwei weniger gute Schnitzarbeiten des XV. Jahrhunderts aufgestellt: Maria mit dem Kinde und die Figur eines Heiligen. Die Wand selbst ist mit drei Bildern ohne Kunstwerth bemalt: links die Kreuzigung mit dem Namen des Stifters Tile Bister, in der Mitte das heilige Abendmahl, rechts die Auferstehung mit dem Namen der Stifterin Anna Bister.

Antependien. Die beiden von Mithoff beschriebenen bemerkenswerthen Antependien befinden sich jetzt im Hannoverschen Provinzial-Museum.

Holzfiguren. An der Wand befindet sich eine Kreuzigungsgruppe, Christus zwischen Maria und Johannes, der betrübt zum Himmel schaut. XVI. Jahrhundert.

Grasdorf.

Kirche.

Litteratur: H. Sudendorf, Urkundenbuch zur Geschichte der Herzöge von Braunschweig und Lüneburg und ihrer Lande VIII, Urk. 61; C. L. Grotefend und G. F. Fiedeler, Urkundenbuch der Stadt Hannover, Urk. 298, 302 und 304; H. A. Lüntzel, die ältere Diöcese Hildesheim, 223; Mithoff, Kunstdenkmale und Alterthümer im Hannoverschen I, 37; vergl. auch Müllingen.

Quellen: Stuhlregister der Kirche zu Grasdorf nebst einigen Nachrichten von der Kirche, verzeichnet von Pastor Johann Wilhelm Lueder 1738 im Pfarrarchiv; Verzeichniss der kirchlichen Kunstdenkmäler von 1896; Kgl. Staatsarchiv zu Hannover, Kloster Marienrode, Urk. 176, 348, 349 und 565; Kloster St. Michaelis zu Hildesheim, Urk. 641; Kloster Wülfinghausen, Urk. 419; Domstift Hildesheim, Urk. 2715 und Hann. Des. 113 K II A 12b No. 6.

Grasdorf hiess früher Grauestorpe. Ein Joannes de grauestorpe sacerdos wird 1235 genannt. 1370 und 1373 ist her Diderek wildevur kerkhere to grauestorpe Zeuge. 1467 war Henricus Bullen Pfarrer zu grauestorpe. 1493 wird de kercken to grawestorp erwähnt. 1562 wird das Dorf Grawestorff als im Amt Coldinge gelegen und in das Meierding zu Mullien gehörig bezeichnet. Geschichte.

Ueber die Verhältnisse des damaligen Gotteshauses ist nichts bekannt. Wir erfahren dann später, dass die von der Familie von Alten gestiftete mittelalterliche Kirche mit gewölbtem Chor und Schiff so baufällig war, dass sie 1733 mit Ausnahme des Thurmes abgebrochen werden musste. Der Grundstein zum neuen Gotteshause wurde am 26. August 1734 gelegt, und der Bau unter der Leitung des Königlichen Landbaumeisters Leiseberg 1735 unter Dach gebracht, 1736 beworfen, geweisst und inwendig ausgebaut, sodass er am 22. Juli 1736 eingeweiht werden konnte. Im Thurm war die Kirchthüre grösser gebrochen und neu überwölbt, eine Thüre nach dem Dachboden durchgebrochen worden und zwei Schallöffnungen zugemauert. Die Baurechnung schliesst ab mit 2113 Thlr. 31 Gr. 7 Pf. ohne Hand- und Spanndienste und geschenktes Holz. 1861 beschweren sich die katholischen Grundbesitzer zu Grasdorf wegen Heranziehung zu den Kosten einer vom Konsistorium genehmigten Reparatur des lutherischen Kirchthurms.

Die im Osten aus dem Achteck geschlossene Saalkirche mit hölzernen Emporen auf der West-, Süd- und Nordseite hat aussen eine Gesamtlänge von 23,7 m und eine Breite von 13,2 m, ist innen und aussen geputzt und mit Eckquadern und Gewänden aus Barsinghauser Sandsteinen versehen. Das Hauptgesims besteht aus Holz. Die Kirche enthält eine flach gewölbte, auf der Unterseite geputzte hölzerne Decke, im Osten ein, auf den Langseiten je fünf halbkreisförmig geschlossene Fenster mit glatten, vortretenden Kämpfer- und Schlusssteinen. Ueber der Eingangsthür im Süden die Inschrift: Beschreibung. Schiff.

ANNO — PSALM 119 VS 142 — 1736.

DeIne gereChtIgkeIt Ist eIne eWIge gereChtIgkeIt

VnD DeIn gesetz Ist WahrheIt.

Die grossen Buchstaben ergeben, als römische Ziffern betrachtet, zusammengezählt 1736.

Innen über dem rundbogigen Thurmeingang in der Kirche die Lapidarinschrift:

Aedes haec sacra aedificata ·
svperint · eodemqve consiliario ecclesiast ·
dño David Wilh · Erytropel ·
Praefect · Cold · dño · Herm · Lvdov · Voigt ·
Past · dño · Johan · Wilhelm Lveder ·
Cust · Jo · Christoph · Diterici · Juratis · eccl ·
Henr · Joach · Piper · Henr · Barth · Clvsmann ·
Anno MDCCCXXXVI.

S. D. G.

An der westlichen Ecke der Südseite der Kirche eine Sonnenuhr in Sandstein mit der Inschrift:

Joh. Christoph. Diterici custos fecit anno 1736.

Thurm. Der quadratische mit der Kirche durch einen rundbogigen Durchgang verbundene Westthurm mit 5,5 m Seitenlänge hat auf drei Seiten je eine flachbogig geschlossene Schallöffnung, im Uebrigen kleine, rechteckige Lichtlöcher und auf der Südseite die 1736 vergrösserte, rundbogig geschlossene Eingangsthür. Er ist aus Bruchsteinen mit Quadern an den Ecken erbaut, oben mit einem einfachen Hohlkehlengesims abgeschlossen und trägt einen achteckigen, beschieferten Helm mit der Jahreszahl 1883 in der Wetterfahne.

Altar. Kanzel. Der östliche, um zwei Stufen erhöhte Theil der Kirche enthält eine schöne, reiche, in Holz gearbeitete, farbig behandelte und vergoldete Altarwand mit Kanzel und zwei seitlichen rundbogigen Durchgängen in Barockformen, ein Werk des Hofbildhauers Ackermann in Hannover, welcher nach der Baurechnung hierfür 160 Thaler erhalten hat. (Fig. 12.) Die Kanzel trägt die Inschrift:

Ihr seyd es nicht die da redet sondern Eures Vaters Geist ist es der durch Euch redet. Math. 10. V. 20.

Altarleuchter. Auf dem Altar zwei Leuchter aus Zinn in den Formen der Fig. 2 mit der Inschrift:

Catharina Lovise von Alten gebohrne von Rehden. Anno 1736.

Gemälde. An den östlichen Schrägwänden hängen die Bilder der früheren Pastoren Bierdemann (1689—1714) und Liebhaber (1715—1732).

Kronleuchter. Kronleuchter vom Jahre 1709.

Orgel. Auf der Westempore eine Orgel vom Jahre 1822.

Fig. 12.

KIRCHE IN GRASDORF.

Gross-Buchholz.

Kapelle.

Litteratur: H. Sudendorf, Urkundenbuch zur Geschichte der Herzöge von Braunschweig und Lüneburg und ihrer Lande, IV, Urk. 350 und VII, Urk. 48; C. L. Grotefend und G. F. Fiedeler, Urkundenbuch der Stadt Hannover, Urk. 202; H. A. Lüntzel, die ältere Diöcese Hildesheim, 49 Anm. 29; Mithoff, Kunstdenkmale und Alterthümer im Hannoverschen I, 38.

Gross-Buchholz gehörte früher zum Kirchspiel Kirchrode und hiess Bocholte. Ein Johannes de Bocholte kommt urkundlich 1337 vor. In Urkunden vom Jahre 1373 und 1391 erfahren wir von der Landwehr to dem Bokholte oder bocholte.

Die dort vorhandene Kapelle diente in späterer Zeit als Schule und ist augenblicklich zu einer Wohnung ausgebaut. Die Umfassungswände der aus Ziegeln und Feldsteinen errichteten, mit drei Seiten des Achtecks geschlossenen Kapelle sind noch erhalten. Die äussere Breite beträgt 7,5 m, die Länge 11,2 m. Die Eingangsthüre auf der Südseite ist mit einem Flachbogen in Ziegeln überwölbt, welcher mit einer doppelten Hohlkehle profiliert ist.

Harkenbleck.

Kapelle.

Litteratur: H. Sudendorf, Urkundenbuch zur Geschichte der Herzöge von Braunschweig und Lüneburg und ihrer Lande VIII, Urk. 253 Anm.; siehe auch Urk. 61 C. L. Grotefend und G. F. Fiedeler, Urkundenbuch der Stadt Hannover, Urk. 86, 157, 160; und 202; H. A. Lüntzel, die ältere Diöcese Hildesheim, 33; Mithoff, Kunstdenkmale und Alterthümer im Hannoverschen I, 97 und 98; W. Stedler, Beiträge zur Geschichte des Fürstenthums Calenberg, 1. Heft, 28.

Quellen: Verzeichniss der kirchlichen Kunstdenkmäler von 1896; Kgl. Staatsarchiv zu Hannover, Cal. und Hann. Hausverträge, Urk. 9.

Harkenbleck kommt nach Stedler — freilich ohne Angabe der Quelle — bereits 1226 als Herkenblede vor. Als Herkenblede wird es auch im Lehnsregister des Bisthums Minden 1312 genannt. Unter derselben Form erscheint der Ort in dem ums Jahr 1330 geschriebenen Verzeichniss der 88 Ortschaften, welche Antheil am Deisterwalde haben, und ferner in einer Urkunde vom Jahre 1432. Er gehörte mit Wilkenburg zum Archidiakonat Pattensen. Geschichte.

Beschreibung. Die dort vorhandene Kapelle (Fig. 13—15) ist rechteckig, aus Bruchsteinen mit Eckquadern errichtet und mit einem nach allen Seiten übertretenden Pfannendach überdeckt, welches auf den Kurzseiten mit halben Walmen endigt und in der Mitte den bei der letzten Wiederherstellung erneuerten, sechseckigen, hölzernen Dachreiter mit der Inschrift „O H v R 1868" in der Wetterfahne trägt. Die Balken sind aussen an den Köpfen profiliert, innen glatt und bilden mit den dazwischen liegenden geputzten und geweissten Feldern die Decke. Die Konsolen der Langseiten und der Ecken sind nach Fig. 17, diejenigen der Kurzseiten nach Fig. 16 gebildet. Ausser den waagerecht geschlossenen, grösseren Fenstern aus späterer Zeit sind noch zwei ältere, schmalere,

Fig. 13.
Kapelle in Harkenbleck; Südseite
1:300.

rechteckige Fensterchen und an der Südseite der Eingang erhalten, welcher in dem auf seiner Unterseite nach der Mitte zu mit zwei ansteigenden Flächen bearbeiteten Sturz in gothischen Minuskeln die Jahreszahl 1412 zeigt. Die westliche Empore ist neu.

Unter der Kapelle liegt die mit flachem Gewölbe überspannte, schmucklose Gruft der Familie von Reden, welche durch einen aus Ziegeln hergestellten Neubau aus neuerer Zeit zugänglich ist.

Altar. Der steinerne Altar trägt eine aus Holz gearbeitete, 1840 renovierte, farbig behandelte Wand in Barockformen mit gewundenen Säulen, verkröpftem Gebälk, den Bildwerken des Gekreuzigten, Maria und Johannes, oben dem Wappen der von Estorff und unten der Inschrift:

Eleonora Elisabeth von Rehden gebohren von Estorff Drostin Anno 1687.

Die Kanzel an der Südseite, aus Holz in Barockformen, zeigt die vier Evangelisten mit ihren Attributen, gewundene Säulchen und Engelsköpfe, letztere auch am Schalldeckel. Kanzel.

Fig. 14. Grundriss. 1:300.

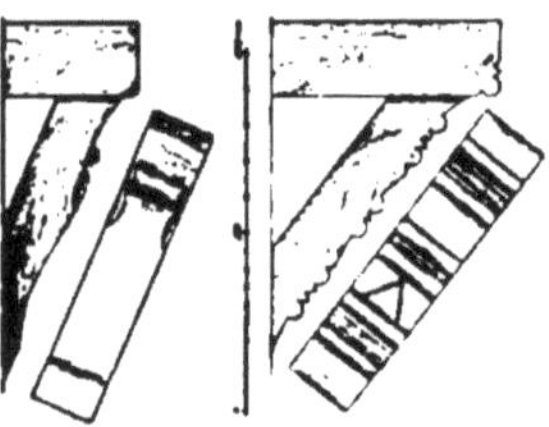

Fig. 15. Ostseite. 1:300. Fig. 16—17. Konsolen. 1:30.

Kapelle in Harkenbleck.

Kelch aus Zinn von 1788 mit Patene. Kelch.

Der Kirchenstuhl nördlich vom Altar trägt unterhalb der zugehörigen Wappen die Inschriften „Jobst Friederich von Rehden“, „Eleonora Elisabeth von Estorff“ und „Anno 1687“. Kirchenstuhl.

Hemmingen.

Kapelle.

Litteratur: H. Sudendorf, Urkundenbuch zur Geschichte der Herzöge von Braunschweig und Lüneburg und ihrer Lande I, Urk. 184; VIII, Urk. 253 Anm. (siehe auch Urk. 61) und X, Urk. 9; C. L. Grotefend und G. F. Fiedeler, Urkundenbuch der Stadt Hannover, Urk. 86, 174 und 175; H. A. Lüntzel, die ältere Diöcese Hildesheim, 33; Würdtwein, Subs. VI, 360; Mithoff, Kunstdenkmale und Alterthümer im Hannoverschen I, 101; W. Stedler, Beiträge zur Geschichte des Fürstenthums Calenberg, 1. Heft, 46.

Quellen: Verzeichniss der kirchlichen Kunstdenkmäler von 1896; Kgl. Staatsarchiv zu Hannover, Cal. und Hann. Hausverträge, Urk. 9 und Kloster Wennigsen, Urk. 392.

Geschichte. In einem Güterverzeichniss vom Jahre 1186 werden unter den Besitzungen der Herren von Ricklingen 3 Hufen zu Hemmige aufgeführt. Als Hemmie findet sich der Ort 1310 im Lehnsregister des Bisthums Minden und als Hemmeghe in dem ums Jahr 1330 geschriebenen Verzeichniss der 88 Ortschaften, welche Antheil am Deisterwalde haben. 1405 und 1432 kommt er als hemmynge (Hemmynghe) vor. 1320 werden im Lehnsregister des Bischofs Gottfried von Minden maior et minor hemie geschieden, und 1448 erfahren wir von nederhemmeghen. Der Ort gehörte zum Archidiakonat Pattensen.

Beschreibung. Die Kapelle, welche dem XVI. Jahrhundert angehören dürfte, ist rechteckig, aussen 14,0 m lang, 6,6 m breit, aus Bruchsteinen erbaut, mit einer neueren Holzdecke aus glatten Brettern, pfannengedecktem Satteldach und zwei durch Halbwalme gebrochenen Fachwerksgiebeln versehen, von denen der westliche mit Pfannen behängt, der östliche ausgemauert ist. Die Süd-, Ost- und Nordseite haben einen vortretenden, mit Fasen abgekanteten Sockel und überstehende Balkenköpfe, welche ähnlich der Kapelle in Harkenbleck mit profilierten Konsolen unterstützt werden. Nach der westlichen Seite zu erhebt sich ein neuer, hölzerner, sechseckiger Dachreiter mit der Jahreszahl 1890 in der Wetterfahne. Der von Mithoff erwähnte, spitzbogige Eingang ist nicht mehr vorhanden; an der Ostseite befindet sich noch ein kleines rechteckiges Fenster ohne Profil, die Südseite hat jetzt drei rundbogig geschlossene Fenster, die Westseite eine Eingangsthüre mit geradem Sturz und Sandsteingewänden.

Altar. Der spätgothische, hölzerne Altarschrein mit acht Figuren, vergoldet und farbig behandelt, ist in einem schlimmen Zustande; die früher vorhanden gewesenen Flügel fehlen.

Glocke. Im Dachreiter hängt eine Glocke mit 0,54 m Durchmesser, nach der am Halse befindlichen zweizeiligen Lapidarinschrift eine Stiftung der sämmtlichen Einwohner der „Dorfschaft Hemmy" durch M. Ludolf Siegfriedt im Jahre 1662 gegossen.

Hiddestorf.

Kirche.

Litteratur: H. Sudendorf, Urkundenbuch zur Geschichte der Herzöge von Braunschweig und Lüneburg und ihrer Lande I, Urk. 184 und 185; W. von Hodenberg, Calenberger Urkundenbuch VII, Urk. 28; C. L. Grotefend und G. F. Fiedeler, Urkundenbuch der Stadt Hannover, Urk. 86; Zeitschrift des historischen Vereins für Niedersachsen 1860, 19 und 43; Mithoff, Kunstdenkmale und Alterthümer im Hannoverschen I, 101; W. Stedler, Beiträge zur Geschichte des Fürstenthums Calenberg, 1. Heft, 28, 36, 46 und 47.

Quellen: Verzeichniss der kirchlichen Kunstdenkmäler von 1896; Kgl. Staatsarchiv zu Hannover, Kloster Barsinghausen, Urk. 7, 14 und 16; Kloster Lamspringe, Urk. 93; Kloster Wennigsen, Urk. 256 und 417; Stift Wunstorf, Urk. 200 und Hann. Des. 113 K II A 12b Nr. 1.

Geschichte. Hiddestorf hiess früher Brunhildisdorpe; in einer Urkunde des Kaisers Konrad III. vom 2. Juli 1033 werden Brunhildisdorpe, Hupida (Hüpede), Oride (Oerie) und Volkerressun (Volkerimmensen) genannt. Im Jahre 1216 nimmt

Papst Innocenz III. das Kloster Barsinghausen in seinen Schutz und bestätigt demselben neben vielem anderen auch den Zehnten zu hefdeſtorpe, unserem Hiddestorf. In einer Urkunde vom Jahre 1231 ist von der villa efedeſthorp

Fig. 18–19. Kirche in Hiddestorf; Grundriss, Nordseite. 1:300.

die Rede. Ein henricus de hiddeſtorpe kommt als Zeuge 1252 vor, und seitdem ist diese Namensform die übliche. 1490 war hinrick bitterboſze kercher to hiddeſtorpe.

Wohl zu unterscheiden von diesem Hiddestorf im Amt Hannover ist hiddekeſtorpe, welches in Urkunden des Königl. Staatsarchivs zu Hannover vom Jahre 1229, 1257 und 1306 begegnet. Dieser Unterschied ist nicht immer erkannt worden. Er wird aber klar und ersichtlich aus dem Lehnsregister des Bischofs Gottfried von Minden, zwischen 1304 und 1324. Dort ist neben Gütern in hiddeſtorp oder ydeſtorpe auch die Rede von Wiesen in groten hiddekeſtorpe; doch kommt hiddekeſtorpe dort auch allein vor. Zur Ergänzung erfahren wir aus dem Lehnsregister des Bischofs Otto von Minden, zwischen 1385 und 1397, von dem Rottegeden to luddeken hiddecſtorpe. Dieser Ort ist vielleicht identisch mit Gross- und Kleinhegestorf im früheren Amt Rodenberg.

Hiddestorf gehörte zum Archidiakonate Pattensen.

Beschreibung. Chor. Die in ihrer Einfachheit beachtenswerthe und interessante romanische Kirche (Fig. 18—19) ist einschiffig, durchweg gewölbt, massiv und hat einen schmaleren quadratischen Chor mit halbrunder Apsis und einen Westthurm. Chor und Apsis, unzweifelhaft die ältesten romanischen Theile des Bauwerks, sind aus Quadern erbaut und haben aussen einen mit einfacher Schräge vorspringenden Sockel (Fig. 21); die Apsis hat ausserdem ein aus Schräge und Platte bestehendes Hauptgesims und ist mit Mönchen und Nonnen gedeckt, während die Chorvorlage, ebenso wie das Schiff, ein Pfannendach trägt. Die Apsis ist mit einer Halbkuppel, die Chorvorlage mit einem rippenlosen, rundbogigen Kreuzgewölbe überdeckt. In den Ecken der letzteren befinden sich Pfeiler, deren Sockel aus Platte und Schräge bestehen, während das Gesims, gleich dem Kämpfer an der Chornische, das umgekehrte Profil — Schräge mit darüber liegender Platte — zeigt. Einer der Pfeiler ist noch vollständig erhalten, die drei übrigen wurden, um Raum für einige Sitzplätze zu gewinnen, in späterer Zeit unter dem Kämpfer konsolartig schräg abgeschnitten, während die Kapitäle und ebenso die unteren Theile mit den Basen sämmtlich bestehen blieben. Ein Theil der Pfeiler wurde im Jahre 1878 auf die angegebene Weise geändert. In der Axe der Apsis befindet sich jetzt eine rundbogige, einfache Thüre.

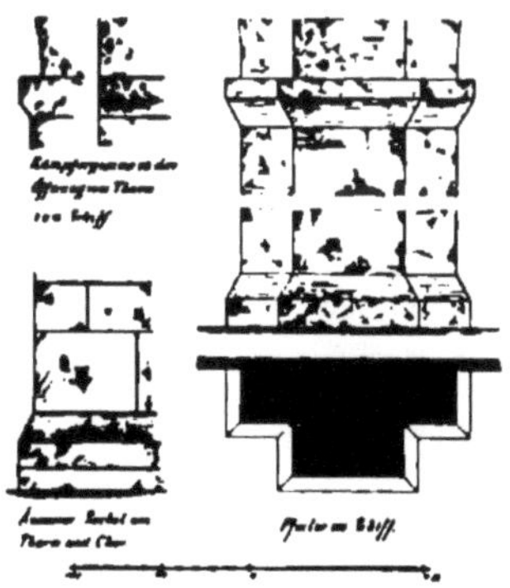

Fig. 20—22.
Kirche in Hiddestorf; Kämpfer, Sockel, Pfeiler.
1:50.

Schiff. Das durch einen halbkreisförmigen Triumphbogen vom Chor getrennte, aus Bruchsteinmauerwerk mit Eckquadern errichtete Schiff hat zwei durch spitzbogige, rippenlose Kreuzgewölbe überdeckte Joche, welche durch einen auf Wandpfeilern (Fig. 22) aufsitzenden Gurtbogen von rechteckigem Querschnitt getrennt werden. Die Ecken werden wieder durch Vorlagen mit Sockel und Gesims — wie im Chor — ausgefüllt, welche die Gewölbe aufnehmen. Auf der Südseite liegt eine einfache, rundbogig geschlossene Thüre, auf der Nordseite ein noch erhaltenes romanisches Fenster mit einfachen Schrägen; die übrigen Fenster sind in neuerer Zeit durch solche mit geradem Sturz ersetzt worden. In das Schiff wurden mit der Zeit auf drei Seiten hölzerne Emporen eingebaut, darunter diejenige auf der Nordseite in den Formen der Spätrenaissance.

Ein niedriger, halbkreisförmig überwölbter Durchgang mit Kämpfergesims — Schräge und Platte nach Fig. 20 — in der Laibung führt zu der im Thurme gelegenen, mit einem Kreuzgewölbe ohne Rippen überdeckten Halle, welche von aussen in der Nordseite des Thurmes durch eine rundbogige Eingangsthüre zu erreichen ist.

Der Thurm, aus Bruchsteinen mit Eckquadern erbaut, hat noch einige der kleinen, rechteckig geschlossenen Fenster und den mit einer Schräge vorspringenden äusseren Sockel erhalten, dagegen die von Mithoff beschriebene alte Form vom Glockengeschoss aufwärts eingebüsst, als man im Jahre 1891 auf jeder Seite eine spitzbogige Schallöffnung herstellte, ein Konsolengesims als Abschluss des massiven Theiles hinzufügte und das Ganze mit einem achtseitigen, schiefergedeckten Helm bekrönte. Nach Mithoff waren die im unteren Theile zugemauerten, auch sonst nicht überall erhaltenen Schallöffnungen ursprünglich mit je zwei romanischen Theilungssäulen und drei Rundbogen versehen. „Die Basen dieser Säulchen“, sagt Mithoff, „gleichen zum Theil einem umgestürzten Würfelkapitäl; die Kapitäle derselben in Würfelform sind einfach verziert und tragen, zur Aufnahme des starken Thurmgemäuers, je einen nach innen und aussen weit ausladenden Sattel von Quader. Oberhalb der Schallöffnungen steigen im Osten und Westen abgetreppte Giebel auf, das mit einem sogenannten Dachreiter versehene Satteldach einschliessend.“ Thurm.

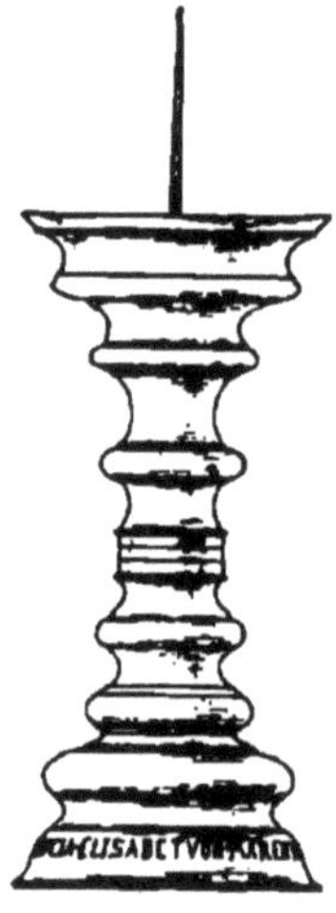

Fig. 23.
Kirche von Hiddestorf; Altarleuchter.

Der einfache Altar aus dem Jahre 1722 steht vor der als Sakristei eingerichteten Apsis; über demselben befindet sich die aus Holz in derselben Zeit hergestellte Kanzel. Der Altar trägt zwei schwere Bronzeleuchter, laut Inschrift von Lucia Elisabeth von Marenholtz, der Hausfrau des Erasmus von Lathausen im Jahre 1630 gestiftet. (Fig. 23.) Altar. Kanzel. Altarleuchter.

Ein Theil des Gestühls in den Formen der Spätrenaissance stammt laut Inschrift aus dem Jahre 1639. Gestühl.

Eine Glocke, deren Durchmesser 0,95 m beträgt, enthält die Lapidarinschriften: Glocken.

4*

Komt lasst uns anbeten und niederfallen vor dem Herrn,

darunter:

Ich ruffe die Lebenden zur Kirche
Und begleite die Todten zum Grabe.

Ferner „Herr Pastor Georg Christian Wittkugel“ und „Gegossen von Christoph Aug: Becker in Hildesheim 1815“.

Eine andere Glocke hat einen Durchmesser von 0,78 m und die Inschriften in Lapidarschrift: „Lobet den Herrn mit hellen Cymbeln“, „Herr Pastor Georg Christian Wittkugel“, „Gegossen von C. A. Becker in Hildesheim 1815“ und „Mein Schall thut vor den Ohren klingen
Des Wortes Schall muss in die Herzen dringen“.

Grabsteine. Auf dem Kirchhofe befinden sich mehrere Grabsteine, zum Theil mit figürlichen Darstellungen aus der Zeit von 1731—1867.

Kelche. Ein Kelch mit Patene aus Silber von 1765, ein kleinerer mit Patene aus Silber von 1792.

Taufstein. Ein sechseckiger Taufstein von 50 cm Durchmesser steht heute im Garten des Küsters. Er stammt aus dem Jahre 1651 und trägt am oberen Rande in einer zweizeiligen Lapidarinschrift den Spruch:

Gehet hin in alle Welt vnd lehret alle Heiden vnd teuffet sie im Namen des Vaters, des Sohns vnd heiligen Geistes.

Kirchrode.

Kirche.

Litteratur: H. Sudendorf, Urkundenbuch zur Geschichte der Herzöge von Braunschweig und Lüneburg und ihrer Lande IV, Urk. 350; W. von Hodenberg, Calenberger Urkundenbuch IV, Urk. 97; C. L. Grotefend und G. F. Fiedeler, Urkundenbuch der Stadt Hannover, Urk. 275 und 278; Chr. U. Grupen, Origines et Antiquitates Hanoverenses, 80; H. A. Lüntzel, die ältere Diöcese Hildesheim, 10, 45 Anm. 16, 223 f., 225, 241 und 346; Mithoff, Kunstdenkmale und Alterthümer im Hannoverschen I, 111; Böttcher, Geschichte des Kirchspiels Kirchrode, 2. Heft, 24, 86, 90, 177 und 186.

Quellen: Verzeichniss der kirchlichen Kunstdenkmäler von 1896; Kgl. Staatsarchiv zu Hannover, Kloster Marienrode, Urk. 320.

Geschichte. Kirchrode, anfangs nur Roden genannt, scheint in eine sehr frühe Zeit zurückzureichen. Vielleicht ist es identisch mit dem in einer in die Zeit von 983—993 fallenden Aufzeichnung über Feststellung der Grenzen zwischen den Bisthümern Hildesheim und Minden vorkommenden Rothun. 1295 wird die Jakobikirche zu Roden urkundlich genannt (vergl. Bothfeld), vielleicht ist eine Kirche jedoch noch älter und reicht in das X. Jahrhundert zurück. Bis zum 1. Juli 1296 stand die Kirche zu Roden dem Hildesheimschen Bischofe zu; damals übertrug er sie dem Kloster Marienrode gegen die Kirche zu

Gr.-Freden, nachdem bereits 1290 eine Vertauschung der Patronatsrechte erfolgt war. Im Jahre 1297 war Volmar Pfarrer, 1349 Johannes de Gledinge rector ecclesie in Roden, 1400 Cordt Kerkherre to dem Rode, 1410 diderik perner to Kerchroden; 1497 hatte Heinrich Kolchagen die Pfarre resignirt. Der Name Kirchrode kommt 1339 und 1359 vor, wir finden jedoch auch noch später den Namen Roden und im Jahre 1399 Kerckroden. Kirchrode war ein umfangreiches Kirchspiel, von welchem 1295 Bothfeld und Buchholz, 1349 die Gartenkirche zu Hannover abgetrennt wurde. In den Jahren 1782—84 wurde mit Ausnahme des Thurmes ein Neubau für 4500 Thaler einschl. Umguss einer

Fig. 24. Kirche in Kirchrode.

Glocke ausgeführt und das neue Gotteshaus am 1. Februar 1784 eingeweiht. 1832 wurde die Kirche bemalt, Altar und Kanzel vergoldet.

Das Schiff der Kirche, welches 1782—84 an Stelle des älteren Schiffes und des schmaleren, rechteckigen, überwölbten Chores errichtet wurde, ist rechteckig, aussen 28,1 m lang, 13,1 m breit, von starken Bruchsteinmauern mit Eckquadern umgeben, mit einem flachen, auf der Unterseite geputzten Gewölbe aus Holz überdeckt und trägt ein mit Pfannen belegtes Mansardendach. (Fig. 24.) Auf jeder Langseite befinden sich sechs flachbogig geschlossene Fenster und in der Mitte eine Thüre und Oberlicht, sämmtlich mit glatten Sandsteingewänden

Beschreibung.
Schiff.

und oben in der Dachfläche je sieben kleinere Fenster mit flachbogigem Sturz, welche mit Stichkappen in das Gewölbe einschneiden. Die Sockel bestehen aus Sandstein, die Gesimse aus Holz, die Wandflächen sind geputzt.

Die einfachen, hölzernen Emporen der Langseiten sind zweigeschossig und durchschneiden die unteren Fenster in unschöner Weise.

Im Osten lehnt sich an das Schiff ein kleiner, rechteckiger Fachwerkbau, welcher als Sakristei benutzt wird.

Thurm. Der starke, gedrungene, quadratische Westthurm der gothischen Zeit mit 9,6 m Seitenlänge ist ebenfalls aus Bruchsteinen mit Eckquadern erbaut, im unteren Theile mit schmalen rechteckigen Oeffnungen ohne Profil, im Glockengeschoss an Stelle der von Mithoff erwähnten gekuppelten spitzbogigen Schallöffnungen auf jeder Seite mit zwei halbkreisförmig geschlossenen glatten Schallöffnungen versehen, oben durch eine Hohlkehle mit Platte abgeschlossen und mit Mönchen und Nonnen eingedeckt. Auf der Rückseite des vierseitigen Helmes befindet sich die Uhr und darüber die Schlagglocke. Im Inneren des durch einen breiten Spitzbogen mit dem Schiffe verbundenen Thurmes ist noch ein Lauf der alten Treppe erhalten, welche auf zwei 13 cm hohen und 20 cm breiten, eichenen Lagerhölzern dreieckige mit langen Holznägeln aufgedollte eichene Blockstufen zeigt.

Altar. Im Osten des Schiffes steht die aus dem Jahre 1783 stammende hölzerne Altarwand mit rundbogig geschlossenen Durchgängen auf beiden Seiten und

Kanzel. Kanzel über dem Altartisch, begleitet von zwei Säulen mit verkröpftem Gebälk.

Glocken. Eine Glocke von 1,45 m Durchmesser trägt am Halse die von Mithoff mitgetheilte Inschrift in gothischen Minuskeln „Anno : M° : CCCC° : LXXX · defunctos · plango · vivos · voco · fulgura · frango“, ist jedoch nach der am Kranze befindlichen Inschrift 1865 umgegossen und vergrössert. Die zweite Glocke ist ohne Inschrift, am Halse zweimal mit zwei Riemchen verziert und hat einen Durchmesser von 0,69 m, die dritte mit einem Durchmesser von 1,19 m ist nach der Halsinschrift 1782 gegossen und 1879 umgegossen.

Laatzen.

Kapelle.

Litteratur: W. von Hodenberg, Calenberger Urkundenbuch I, Urk. 28; III, Urk. 204 und IV, Urk. 372; C. L. Grotefend und G. F. Fiedeler, Urkundenbuch der Stadt Hannover, Urk. 108, 109 und 201; Chr. U. Grupen, Origines et Antiquitates Hanoverenses, 140; H. A. Lüntzel, die ältere Diöcese Hildesheim, 45 Anm. 15, 111 und 223; Mithoff, Kunstdenkmale und Alterthümer im Hannoverschen I, 112; Bütteber, Geschichte des Kirchspiels Kirchrode, 2. Heft, 16 und 60; W. Havemann, Geschichte der Lande Braunschweig und Lüneburg III, 230; A. Köcher, Geschichte von Hannover und Braunschweig II, 163; vergl. auch Döhren und Wülfel.

Quellen: Kirchbuch zu Döhren; Kgl. Staatsarchiv zu Hannover, Kloster Marienrode, Urk. 207.

Laatzen hiess früher Lathusen. Ein Conradus de Lathufen erscheint als Zeuge in einer Urkunde vom Jahre 1255, ein Hartmannus de Lathufen in einer solchen vom Jahre 1290. Von der villa Lathusen ist in zwei Urkunden vom Jahre 1311 die Rede. Der capella ville Lathufen wird 1325 gedacht. Der Minnerhof in Lathusen wird 1337 genannt; er kam 1341 an den Bartholomäusaltar in St. Spiritus und war bis auf die neuere Zeit dem geistlichen Lehnsregister meierpflichtig. Die Kapelle zu Lathusen war schon im Jahre 1392 nach Döhren eingepfarrt. In diesem Jahre entscheidet Bischof Gerhard von Hildesheim zwischen dem Kloster Beszingerode (Marienrode) auf der einen Seite undt her hermen pernehr to Dorede syne parlude to Lathusen van der parren to Dorede u. Capellen wegen to Lathusen off ander halve. Als sich die Geschichte.

Fig. 25. Kapelle in Laatzen.

welfischen Fürsten 1671 in dem eroberten Braunschweig verglichen, überliess Johann Friedrich gegen Abtretung der Dörfer Döhren, Wülfel und Laatzen und der Gerichtsbarkeit auf dem Aegidienfelde vor Hannover seinem Bruder Georg Wilhelm die ihm zustehende Berechtigung an dem Dannenbergischen Anfall. 1786 wurde der Altar aus der Kirche zu Döhren gekauft und hier aufgestellt.

Das Bauwerk (Fig. 25), im Innern 12,8 m lang, 6,6 m breit, ist in den Umfassungswänden und den beiden massiven Giebeln aus Backsteinen erbaut, nur die Architekturtheile, Gesimse, Thür- und Fenstereinfassungen, Giebelkanten, Sockel und Gebäudeecken bestehen aus Sandstein. Der Sockel ist mit einem Beschreibung.

Fasen, das Gesims als Hohlkehle und Plättchen gezeichnet und im Osten durch zwei Köpfe abgeschlossen. Der Ostgiebel trägt als Bekrönung ein aus Sandstein gearbeitetes, gothisches Kreuz, der Westgiebel einen hölzernen, viereckigen, mit Pfannen bekleideten Dachreiter. Von den Fenstern ist das auf der Ostseite in den Formen des XV. Jahrhunderts noch erhalten: ein in die äussere Mauerflucht gerückter Pfosten trägt mit zwei halbkreisförmigen Theilungsbogen einen nasenbesetzten Dreibogen mit dem Profil der einfachen Hohlkehle (Fig. 26). Die übrigen Fenster — zwei auf jeder Langseite — stammen aus dem XVIII. Jahrhundert und sind rechteckig gestaltet. Die mit geradem Sturz überdeckte süd-

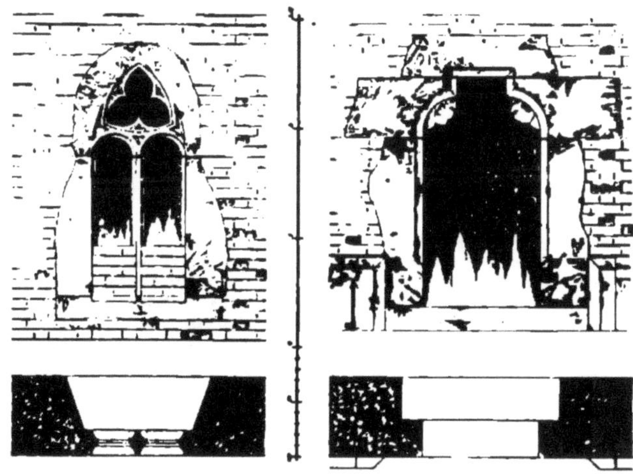

Fig. 26—27. Kapelle in Laatzen; Fenster, Thüre.
1:50.

liche Thüre ist in Fig. 27 abgebildet. Die flache Bretterdecke zeigt einfache Profile; hölzerne Emporen befinden sich an der Westseite und einem Theil der Nordseite.

Altar. Der gemauerte Altar ist mit einer barocken Holzwand versehen, welche zwischen zwei gewundenen Säulen und gekröpftem Gesims eine in Oel gemalte, werthlose Darstellung des heiligen Abendmahles zeigt.

Altarleuchter. Zwei Altarleuchter in den Formen der Fig. 2 von 1746, laut Inschrift 1782 umgegossen, sind aus der Döhrener Kirche übernommen, zwei ältere Leuchter 1731 angefertigt.

Glocke. Die im Dachreiter hängende, dem XV. Jahrhundert angehörende Glocke von 0,55 m Durchmesser trägt am Halse vier Schnüre mit Verknüpfung der Enden an vier ungefähr um 90° verschobenen Stellen und darunter vier kleine Hochbilder. Eine Inschrift hat die Glocke nicht, dagegen sind auf der Vorderseite in der Mitte fünf kleine ringförmige Erhebungen bemerkbar, welche in ihrer Lage die Ecken und den Schwerpunkt eines über Eck gestellten Quadrats bezeichnen könnten. Die Oehre haben einen Querschnitt, welcher nach innen halbrund, nach aussen ungefähr nach dem halben Sechseck gestaltet ist.

Kanzel. Die hölzerne Kanzel in Barockformen stammt aus der Kirche in Döhren.

Taufstein. Der Taufstein aus dem Jahre 1676 steht mit einem rechteckigen, an den Ecken abgeschrägten Fusse auf einer achtseitigen Platte und enthält die Lapidarumschrift:

Hans · Stamme · und · seine · liebe · Hausfrau · Ilse · Dorothea · Schapers · haben · diese · Tauf · Got · zu · Ehren · mach · las :

Langenhagen.

Kirche.

Litteratur: Chr. U. Grupen, Origines et Antiquitates Hanoverenses, 103; H. A. Lüntzel, die ältere Diöcese Hildesheim, 43; Zeitschrift des historischen Vereins für Niedersachsen 1867, 177; Mithoff, Kunstdenkmale und Alterthümer im Hannoverschen I, 113; Zeitschrift des Architekten- und Ingenieur-Vereins zu Hannover 1870, 251 ff.

Quellen: Verzeichniss der kirchlichen Kunstdenkmäler von 1896; Kirchenrechnungen in Langenhagen; Kgl. Staatsarchiv zu Hannover, Hann. 113 K II A 12 b No. 13.

Geschichte. Nienhagen, nova indago, 1480 Nigenhagen, jetzt Langenhagen, gehörte zum Archidiakonat Pattensen. In dem Privileg Herzog Erichs vom Jahre 1501 über die Zollfreiheit der Stadt Hannover hören wir von dem Tolner up den Niegenhagen. Der Ort besass eine Kapelle, welche die Clusz genannt wurde, und von welcher 1529 in Herzog Erichs Hudt- und Weyde-Recesz die Rede ist. Eine Pfarrkirche aber hatte Langenhagen damals noch nicht, sondern war der Pfarre zu Engelbostel einverleibt. Erst nach 1529 erhielt es eine Kirche. Dieses kleine Gotteshaus, welches aus einem gewölbten gothischen Chore als Rest der ehemaligen Kapelle und einem später erbauten Schiffe mit altem Westthurm bestand, war im Jahre 1867 so baufällig, dass eine Restauration und Erweiterung, wie im Jahre 1822, sich nicht mehr ermöglichen liess. Es wurde abgebrochen, und nur der Thurm blieb erhalten. Die Einweihung der neuen, durch C. W. Hase erbauten, schönen, gewölbten Kirche erfolgte am 12. September 1869.

Beschreibung. Thurm. Der Thurm, beinahe ein Quadrat von 6,7 m Seitenlänge, aus Feldsteinen und Ziegeln errichtet, trägt einen viereckigen Helm, welcher zum Theil noch mit Mönchen und Nonnen eingedeckt ist und enthält im Inneren zwei Läufe der alten Treppe mit eichenen, durch Holznägel auf zwei Lagerhölzer aufgedollten Blockstufen. In der Mitte der Höhe liegt ein Gesims mit einer Hohlkehle zwischen zwei Fasen; das Glockengeschoss hat auf jeder Seite zwei flachbogige, fast halbkreisförmige Schallöffnungen.

Altarleuchter. Zwei Altarleuchter aus Bronze zeigen die Formen der Fig. 33; die drei Füsse fehlen.

Gemälde. Ein Gemälde ohne Kunstwerth auf Leinwand, bezeichnet „G. Buchholtz 1703" stellt die Kreuzigung dar.

Fig. 34. Kirche in Langenhagen; Taufstein

Grabstein. Ein Grabstein auf der Nordseite des Thurmes aus der zweiten Hälfte des XVIII. Jahrhunderts. Auf dem Spruchbande die Worte: „Las mich gehen den die Morgenrohte bricht", unter der bildlichen Darstellung „1. B. Mos. 32 : V 25 Ich lasse dich nicht du segnest mich den" und auf der Seite des Steins der Name des Bildhauers Hoyer.

Kelche. Ein kleiner, silberner Kelch von 1720 mit Patene hat am Nodus sechs Zapfen mit den Buchstaben J, H, E, S, V, S, ein grösserer Kelch aus Silber, vergoldet, nebst Patene, von 1777 einen gedrehten Fuss.

Ein sehr schöner, sechseckiger, mit Farben und Gold behandelter Taufstein trägt am Becken die Bildwerke der vier Evangelisten und die beiden Wappen der Stifter nebst den Buchstaben E. K. und H. J. S. An dem mit Blattwerk verzierten Fuss drei Engel, welche das Becken tragen und am oberen Rande des Fusses die Inschrift „Henric : Jvlivs Schrader. Elisabeth Klaven. ded : aõ : 1630". Auf der Sockelplatte findet sich das Zeichen des Meisters, welches aus den ineinander gearbeiteten Buchstaben des Namens besteht, darunter „SO : DE : GL :" und an der senkrechten Fläche des Sockels „Jeremi : Svtel fec." eingemeisselt (Fig. 28). Taufstein.

Linderte.

Kapelle.

Litteratur: H. Sudendorf, Urkundenbuch zur Geschichte der Herzöge von Braunschweig und Lüneburg und ihrer Lande VIII, Urk. 253 Anm.; C. L. Grotefend und G. F. Fiedeler, Urkundenbuch der Stadt Hannover, Urk. 28, siehe auch Urk. 184 und 197; Chr. U. Grupen, Origines et Antiquitates Hanoverenses, 115; W. Stedler, Beiträge zur Geschichte des Fürstenthums Calenberg, 1. Heft, 19, 29 und 49.

Linderte ist ein sehr alter Ort. Dort hatte schon ums Jahr 1031 Wedekind I., Graf in den Gauen Hwetiga, Tilithi und Maerstem, seine Gerichtsstätte. Die älteste Namensform ist Lindard, welche urkundlich 1120 begegnet. Bei Linderte war auch die Malstätte eines späteren Wedekind, Grafen von Schwalenberg, von welcher es in einer Urkunde des Bischofs Siegward von Minden († 1140) heisst: in pago Merstemen, in loco Lindard, in mallo Widekindi de Sualenberg. Der Ort gehörte damals jedenfalls zu den Reichslehen des Gaugrafen. 1262 erscheint er als Linderth und in dem ums Jahr 1330 geschriebenen Verzeichniss der 88 Ortschaften, welche Antheil am Deisterwalde haben, als linnert. Geschichte.

Die rechteckige, anspruchslose Kapelle, aussen 10,5 m lang, 6,9 m breit, aus Bruchsteinen mit Eckquadern und Pfannendach, welches im Osten mit einem massiven Giebel, im Westen mit einem Walm endigt, trägt auf dem westlichen First einen viereckigen Dachreiter. Ein Sockel — grosse Fase — befindet sich nur an der Westseite. Die Südseite hat drei rechteckige, neuere Fenster, die Ostseite ein Fenster, welches, nach den vorhandenen Resten zu schliessen, mit Maasswerk im Hohlkehlenprofil versehen war, die Nordseite zwei hochgelegene, kleine, rechteckige Fensterchen und einen spitzbogig geschlossenen Eingang. Einfache hölzerne Emporen stehen auf der Nord- und Westseite; die flache Balkendecke ist auf der Unterseite mit Brettern benagelt. Beschreibung.

Glocke. Die im Dachreiter untergebrachte Glocke hat einen Durchmesser von 47 cm und trägt am Halse die dreireihige Inschrift in Lapidaren:

Lobet ihn mit seinen Cimbeln — Christoffer Henges.
Lobet ihn mit wolklingenden Cimbeln. Jobst Heinr Knige
An Gottes Seegen ist alles gelegen

am Glockenkranze: „Joh. Hein. Christ. Weidemann. Goss Mich. in Hannover. 1758".

Leuchter. Zwei Kronleuchter aus Messing, 1817 renoviert.

Müllingen.

Kirche.

Litteratur: H. Sudendorf, Urkundenbuch zur Geschichte der Herzöge von Braunschweig und Lüneburg und ihrer Lande I, Urk. 693 und VI, Urk. 61; C. L. Grotefend und G. F. Fiedeler, Urkundenbuch der Stadt Hannover, Urk. 24, 32 und 244; Mithoff, Kunstdenkmale und Alterthümer im Hannoverschen I, 143; vergl. Grasdorf; siehe auch H. A. Lüntzel, die ältere Diöcese Hildesheim, 48 Anm. 27 und 114 mit Anm. 161.

Quellen: Verzeichniss der kirchlichen Kunstdenkmäler von 1896; Kgl. Staatsarchiv zu Hannover, Domstift Hildesheim, Urk. 75, 226, 959, 960, 1005, 2715, 2818 und Hann. 113 K 11 A 12 b 7.

Geschichte. Müllingen erscheint urkundlich vielleicht zuerst 1204. In diesem Jahre verpfändet Heinrich Grubo die Vogtei über muldinke und alegremeffen, welche er von dem Grafen Ludolf von Hallermund zu Lehen trug, dem Dompropst und Domkapitel zu Hildesheim. In der Folgezeit wechselt die Namensform. 1259 und 1265 wird ein Bodo de Muldingen famulus genannt. 1268 hören wir von der Meierei (villicatio) in Muldinge. Im XIV. Jahrhundert begegnet der Ort theils als Mullinge, theils als Mullinghe. Einer Akte des Königlichen Staatsarchivs zu Hannover zufolge, war die Gemeinde Müllingen vor alten Zeiten nach Oeszelse und Waszel eingepfarrt und besass nur eine Kapelle. Um die Mitte des 17. Jahrhunderts wurde ihr auf ihr Ansuchen gestattet, statt dieser Kapelle eine eigene Kirche mit regelmässigem Gottesdienste in loco zu haben und eine eigene Pfarrstelle einzurichten. Zu dem Ende machte sich die Gemeinde in einer Urkunde vom 10. December 1652 verbindlich, zur Unterhaltung des Pfarrers demselben freie Wohnung und Hölzung zu verschaffen. Zugleich erklärten die einzelnen Gemeindemitglieder in dieser Urkunde, wie viel sie dem Pfarrer jährlich an Korn und baarem Gelde leisten wollten. Endlich wurden auch nicht unbedeutende Zinsgefälle an Korn, welche bisher bei der Kapelle gebraucht waren, dem Pfarrer als Gehalt überwiesen und dabei zugleich von der Gemeinde erklärt, dass sie die Kapelle in hinführo in Bau und Besserung halten wolle. 1562 wird das Dorf Grawestorff als im Amt Coldinge gelegen und in das Meierding zu Mullien gehörig bezeichnet. 1578 ist von dem Meigerding Mulli die Rede. 1828 wurde eine neue Kirchthüre angelegt und 1831 die Reparatur mehrerer Kirchenfenster vorgenommen.

Die einfache, rechteckige, aus Bruchsteinen mit Eckquadern errichtete Pfarrkirche, aussen 14,6 m lang und 8,7 m breit, hat einen Sockel mit grosser Fase, auf den Längsseiten eine steinerne Hohlkehle als Hauptgesims, welche direkt in die Wand übergeht, im Osten einen massiven Giebel mit Steinkreuz und am westlichen Giebel einen viereckigen Dachreiter mit beschiefertem, achteckigem Helm. Der westliche Fachwerkvorbau ist neu. Auf der Nordseite ist ein spitzbogiger, vermauerter Eingang noch erhalten, die Fenster dagegen sind sämmtlich durch flachbogig geschlossene Fenster ersetzt worden; die Decke ist als flaches, auf der Unterseite geputztes Holzgewölbe hergestellt. Die Kirche wurde 1859 im Inneren erneuert, zeigt hölzerne Emporen auf der Westseite und zum Theil auf der Nord- und Südseite und im Osten eine einfache, hölzerne Wand mit Altar und Kanzel. Beschreibung. Altar. Kanzel.

Auf dem Altare zwei Bronzeleuchter laut Inschrift vom Jahre 1655. Altarleuchter.

Ein Ciborium von Silber stammt aus dem Jahre 1692. Ciborium.

Ein Kelch aus Silber, vergoldet, mit Patene aus dem XVI. Jahrhundert. Die Cuppa, welche noch die gothische Form hat, ist glatt, der Nodus auf der Ober- und Unterseite mit Blattwerk verziert und mit acht zapfenartigen Vorsprüngen versehen, welche die Buchstaben C, R, J, S, T, V, S und ein Kreuz tragen. Der glatte Fuss ist rund. Kelch.

Rethen.

Kapelle.

Litteratur: H. Sudendorf, Urkundenbuch zur Geschichte der Herzöge von Braunschweig und Lüneburg und ihrer Lande II, Urk. 21; C. L. Grotefend und G. F. Fiedeler, Urkundenbuch der Stadt Hannover, Urk. 3, 167, 242 bis 244, und 419; H. A. Lüntzel, die ältere Diöcese Hildesheim, 223; Zeitschrift des historischen Vereins für Niedersachsen 1858, 33; Mithoff, Kunstdenkmale und Alterthümer im Hannoverschen I, 159.

Quellen: Stuhlregister in der Kapelle zu Rethen von 1716; Verzeichniss der kirchlichen Kunstdenkmäler von 1896; Kgl. Staatsarchiv zu Hannover, Moritzstift bei Hildesheim, Urk. 77 und 78; Kloster Escherde, Urk. 160.

Rethen begegnet zuerst als Rete. Ein Conradus de Rete erscheint als Zeuge in einer Urkunde vom Jahre 1215, und in einer anderen vom Jahre 1363 ist von der villa Rethe die Rede. Ein Everhardus de Rethen kommt in Urkunden des Jahres 1305 vor. Im Lehnsregister der Herzöge Otto und Wilhelm zu Braunschweig und Lüneburg, zwischen 1330 und 1352, ist es als Rethem aufgeführt, in einer Urkunde des Jahres 1342 als Rettene, 1346 als Rethen (dreimal) und 1418 als Reten. Rethen gehört zur Kirche in Grasdorf und enthält eine 1794—1796 erbaute Kapelle. Die ältere Kapelle war 1716 abgebrannt. Geschichte.

Das aus Bruchsteinen mit Eckquadern errichtete, rechteckige Bauwerk, aussen 14,5 m lang, 9,8 m breit, hat auf der Ostseite ein, auf den Längsseiten Beschreibung.

je drei flachbogig geschlossene Fenster mit glatten Schlusssteinen, von Sandsteingewänden umgeben und in den inneren Nischen mit Korbbögen überdeckt. Die flache Decke ist geputzt und leitet mit einer Hohlkehle zur Wand über. Ueber der flachbogigen westlichen Eingangsthüre befand sich ein länglich rundes, jetzt vermauertes Fenster. Das Hauptgesims besteht aus Holz. Das von zwei Steingiebeln begrenzte Satteldach trägt im Westen einen niedrigen viereckigen Dachreiter, dessen Wetterfahne die Inschrift enthält: „C. W. M. Past. 1795." An der westlichen Ecke auf der Südseite eine Sonnenuhr von 1747 aus Sandstein. Unter der Kapelle liegt eine Gruft der Familie von Storren.

Altar. Die hölzerne, farbig behandelte Altarwand mit zwei seitlichen, rechteckigen Durchgängen ist in antikisierenden Formen gehalten und enthält zwischen

Kanzel. zwei jonischen, ein Zahnschnittgesims tragenden Pfeilern die Kanzel. Der Chor ist um vier Stufen gegen den Kapellenraum erhöht; im Westen, Norden und Süden sind hölzerne Emporen angebracht.

Altarleuchter. Auf dem Altar zwei Leuchter aus Zinn in den Formen der Leuchter Fig. 2.

Glocke. Die Glocke von 52 cm Durchmesser trägt am Halse die zweizeilige Inschrift:

Zur Ehre Gottes hat mich die Gemeinde · Rethen · gießen lassen · von H. A. Bock in Einbeck 1794.

Roloven.

Kapelle.

Litteratur: H. Sudendorf, Urkundenbuch zur Geschichte der Herzöge von Braunschweig und Lüneburg und ihrer Lande I, Urk. 184 und VI, Urk. 109; C. L. Grotefend und G. F. Fiedeler, Urkundenbuch der Stadt Hannover, Urk. 86; W. Stedler, Beiträge zur Geschichte des Fürstenthums Calenberg, 1. Heft, 29 und 43.

Geschichte. Roloven gehörte, wie aus den Lehnsregistern hervorgeht, den Herren von Hanensee, welche Ministerialen des Bisthums Hildesheim waren. Zu Anfang des XIV. Jahrhunderts erscheint es als Roleghen und Rolghe, und 1350 findet sich neben Roleghe die Schreibart Rolinghen. Nach dem Güterverzeichniss des Stiftes Wunstorf, dessen Abfassung zwischen 1376 und 1379 anzusetzen ist, zahlen die Gebrüder Hanno und Bodo von Hanensee von ihrem Gute zu Roleghen VIII sol. jährlich an das Stift. Der Nachbarort Ihme (1124 Himene), welcher von Grupen in das Verzeichniss de 1400 nicht aufgenommen ist, war damals jedenfalls schon vorhanden. Beide Orte benutzen heute gemeinsam eine zwischen ihnen gelegene Kapelle.

Beschreibung. Das schmucklose, aus Bruchsteinen hergestellte Gebäude ist im Lichten 12,1 m lang und 7,8 m breit und entspricht im Aufbau mit Westgiebel, Dachreiter und östlichem halben Walm im Allgemeinen der Kapelle in Arnum. Auf jeder Langseite befinden sich zwei rechteckige Fenster mit glatten Gewänden, an der Westseite ein eben solcher Eingang und ein Stein mit der Jahreszahl 1743.

Wassel.

Kirche.

Litteratur: H. Sudendorf, Urkundenbuch zur Geschichte der Herzöge von Braunschweig und Lüneburg und ihrer Lande IX, Urk. 227; W. von Hodenberg, Calenberger Urkundenbuch III, Urk. 8; H. A. Lüntzel, die ältere Diöcese Hildesheim, 227; Zeitschrift des historischen Vereins für Niedersachsen 1858, 240 bis 246; Mithoff, Kunstdenkmale und Alterthümer im Hannoverschen I, 175; vergl. auch Müllingen.

Quellen: Verzeichniss der kirchlichen Kunstdenkmäler von 1896; Kgl. Staatsarchiv zu Hannover, Domstift Hildesheim, Urk. 444 und Kloster St. Godehard zu Hildesheim, Urk. 68 und 69.

Geschichte.

Die Kirche zu Wassel gehörte früher vermuthlich zum Pfarrsprengel Lühnde, da dem Kloster zur Sülte das Patronatsrecht über dieselbe zustand. Ein Bernhard, Graf von Wassel, erscheint nach Julius Grote — freilich ohne Angabe der Quelle und der Ortsform — als Zeuge unter dem Namen vicedominus Hildesheimensis in den Jahren 1110 bis 1155 häufig in kaiserlichen Urkunden. Der Ort hiess früher Wasle. Eine athelheidiſ comitiſſa de waſle wird urkundlich ums Jahr 1183 erwähnt; sie schenkt dem Kloster Loccum zur ersten Ausstattung mehrere Hufen Landes. Der Ort selbst wird als Wasle 1312, 1314 und 1403 genannt.

Beschreibung. Schiff.

Die aus romanischer Zeit stammende, im Inneren modernisierte und farbig behandelte Kirche (Fig. 29—30) hat einen rechteckig geschlossenen Chor mit östlichem Steingiebel und einen Westthurm, und ist mit Balken überdeckt. Sie besteht aus Bruchsteinmauerwerk mit Eckquadern und ist im vorigen Jahrhundert mit flachbogig geschlossenen Fenstern in hölzernen Gewänden und Steinbank versehen worden. Die Ostwand enthält noch ein

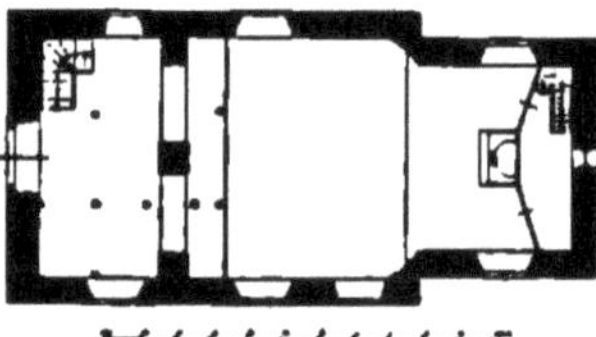

Fig. 29. Kirche in Wassel; Grundriss 1 : 300.

ursprüngliches, kleines, rundbogig geschlossenes Fenster in tiefen Schrägen, die Nordwand des Schiffes Spuren, welche erkennen lassen, dass hier zwei derartige Fenster vorhanden waren. Das östliche derselben (Fig. 31) ist abwechselnd mit Bruchsteinen und Ziegeln gewölbt. Die südliche Aussenseite des Chores zeigt den nach der Mitte dachförmig verstärkten Sturz einer schmalen romanischen Thüre mit halbkreisförmigem Entlastungsbogen (Fig. 32), darunter einen quadratischen Stein mit runder Oeffnung, welche von erhaben gearbeiteten Oelzweigen mit zwei Tauben umgeben ist.

Thurm. Der Thurm öffnet sich nach der Kirche mit zwei stark verdrückten Bögen, welche durch einen abgefasten, viereckigen Pfeiler getrennt sind, und nach dem Dachboden mit einer Spitzbogenthüre. Er hat über dem massiven Theil beschiefertes oder mit Brettern verschaltes Fachwerk und einen schlanken, achteckigen Helm, in der Westfront ein kreisförmiges Fenster und unter dem-

Fig. 30 Kirche in Wassel.

selben die rechteckige Eingangsthüre mit glatten Steingewänden, deren Sturz die Inschrift trägt:

Anno · 1786 ·
H · F · C · Pott · Pastore ·

Altar. Kanzel. Altarleuchter. Die westliche Empore und die schlichte Altarwand mit Kanzel und zwei seitlichen Durchgängen aus dem Ende des vorigen Jahrhunderts bestehen aus Holz, die beiden schönen Altarleuchter aus Bronze (Fig. 33). Letztere haben nach gothischer Art einen walzenförmigen Schaft mit einem Nodus in der Mitte und drei Füsse.

Die Glocke von 68 cm Durchmesser trägt in der Mitte die zweizeilige Inschrift: Glocke.

Herr Pastor Rudow
Maire Caspar Busche

und am Kranze: „Gegossen von C. A. Becker in Hildesheim 1813."

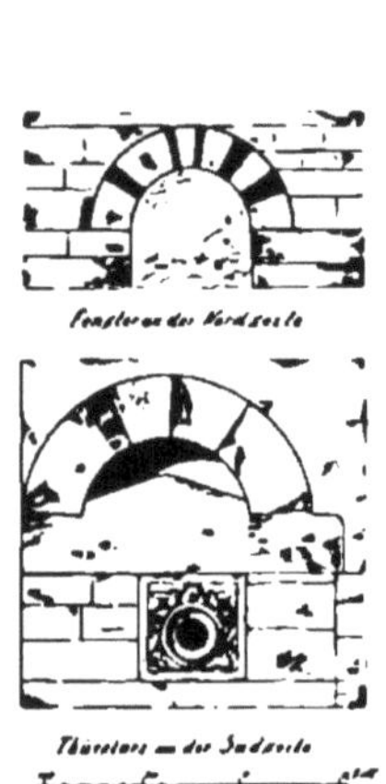

Fig. 31—32.
Kirche in Wassel; Fenster, Thürsturz.
1 : 50.

Fig. 33.
Kirche in Wassel: Altarleuchter.

Auf dem Kirchhofe der Grabstein des Hennig Borchers und seiner 1749 verstorbenen Ehefrau mit der Darstellung der in einer Linie nebeneinander stehenden beiden Eltern, sechs Söhnen und sechs Töchtern und dem Namen des Meisters Ludolf Hoyer. Ein kleinerer Grabstein mit dem Bilde des Verstorbenen stammt aus dem Jahre 1771. Grabsteine.

Wilkenburg.

Kirche.

Litteratur: H. Sudendorf, Urkundenbuch zur Geschichte der Herzöge von Braunschweig und Lüneburg und ihrer Lande I, Urk. 184; VI, Urk. 109; VIII, Urk. 62. 66, 201 und 253 Anm.; W. von Hodenberg, Calenberger Urkundenbuch VI, Urk. 9; C. L. Grotefend und G. F. Fiedeler, Urkundenbuch der Stadt Hannover, Urk. 86, 95 und 157; (Koch), Versuch einer pragmatischen Geschichte des durchlauchtigsten Hauses

Braunschweig und Lüneburg, Braunschweig 1764, 286; Chr. U. Grupen, Origines et Antiquitates Hanoverenses, 40; G. S. Treuer, Gründliche Geschlechtshistorie des hochadlichen Hauses der Herren von Münchhausen, Anhang, 20; H. A. Lüntzel, die ältere Diöcese Hildesheim, 33 Anm. 32; Vaterländisches Archiv des historischen Vereins für Niedersachsen 1837, 426; Mithoff, Kunstdenkmale und Alterthümer im Hannoverschen I, 179 und 180; W. Stedler, Beiträge zur Geschichte des Fürstenthums Calenberg, 1. Heft, 24 und 46; W. Havemann, Geschichte der Lande Braunschweig und Lüneburg I, 547; C. Schuchhardt, Grabmäler der Renaissance in der Stadt Hannover; Hannoversche Geschichtsblätter 1898, No. 16—19.

Quellen: Kirchenrechnungen in Wilkenburg; Verzeichniss der kirchlichen Kunstdenkmäler von 1896; Kgl. Staatsarchiv zu Hannover, Kloster Michaelis zu Hildesheim, Urk. 416; Kloster Barsinghausen, Urk. 207 und Hann. Des. 83 Konsistorium Hannover Kirchenrechnungen von Wilkenburg.

Geschichte. Wilkenburg wird zuerst in einer Urkunde des Bischofs Siwardi von Minden († 1140) erwähnt, und zwar als Welekenburge. Mithoff setzt dafür Welkenburg. 1223 kommt ein Tidericus de Welkenborg als Zeuge vor. Im Lehnsregister des Bisthums Minden, zwischen 1304 und 1320, und ebenso in dem des Bischofs Otto von Minden, 1385 — 1397, erscheint der Ort als Welkenborch, und im Jahre 1308 stellen Ritter Eberhard von Alten und dessen Sohn Johannes eine Urkunde in Welekenborgh aus. Ein Johannes plebanus in Welkenburch wird 1307, und Wilkinus plebanus in Welkenborch 1327 genannt. Nach dem ums Jahr 1330 geschriebenen Verzeichniss gehörte zu den 88 Ortschaften, welche Antheil am Deisterwalde hatten, auch welkenborch. Von der Pfarre zu welkenborg ist in einer Urkunde vom Jahre 1332 die Rede. In einer Urkunde vom Jahre 1462 begegnet ein hinrick bulle vicarius to welkenborch to sunte vites altar in der kerken dar sulues. Ein Revers vom 15. Juli 1395 spricht von dem neuen Schlosz Wilkenburg (nye slot welkenborch). Ritter Hans von Schwicheldt und seine Söhne Heinrich und Heinrich erklären nämlich in demselben, dass die Herzöge Bernhard und Heinrich von Braunschweig und Lüneburg sie zu ihren Amtleuten ernannt und ihnen das neue Schloss Wilkenburg übertragen (geantwordet) haben. Ebendiese Herzöge verpflichten sich am 14. August desselben Jahres dem Bischof Otto von Minden und seinem Domkapitel gegenüber dazu, das von ihnen auf dem Gute des Stiftes Minden zu Welkenborch errichtete Gebäude und alles, was ferner dort gebaut wird, abzubrechen und zu schleifen, sobald sie sich mit ihren Feinden und Städten verglichen und geeinigt haben. Am 22. October 1397 geloben sie zur Beilegung ihres Zwistes mit der Hansa, ihr Slot welkenborch mit der kerken vñ mit deme kerktorne dar sie (wi) dat Slot by gebuwet hadden vor dem nächsten 25. December den Bürgermeistern, Rathsherren und Bürgern der Stadt Hannover auszuliefern, so dass diese mit Hülfe der dorthin zu sendenden herzoglichen Leute das daselbst auf herzoglichen Befehl aufgeführte Zimmerwerk niederreissen, auch den Thurm umstürzen und bis auf den Grund abbrechen mögen. Nach Havemann hatte Henneke von Alten die Feste Wilkenburg aus einer Kirche gebildet. Als die von Alten im Jahre 1424 die Feste eigenmächtig wieder aufbauten, wurde sie von den

Bürgern Hannovers niedergerissen. Koch stellt den Vorgang anders dar. Ebendiese Familie schied sich im Jahre 1536 in 2 Linien, die Wilkenburger und die Neustädter. Wilhelms Sohn Simon erhielt den in Wilkenburg belegenen, sogenannten Steinhof und Kurd, Lübberts Sohn, den Hof auf der Neustadt Hannover.

1643 wird für die Kirche ein neuer Taufstein beschafft, 1700 die Thüre hinter dem Altar gebrochen und das Chorfenster vergrössert, 1704 die Kirche mit einem Aufwande von 1200 Thlr. repariert und vergrössert; 1716 kommt der messingene Kronleuchter in die Kirche.

1814/15 wird die ganze Kirche inwendig geweisst und ausgebessert, ein neues Kirchenfenster gemacht, sowie ein Flügel eines anderen in neues Blei gesetzt. Am 18. Februar 1818 wurden 16 verschiedene Kirchengeräthe und Decken, darunter ein grosser silberner, vergoldeter Kelch, 2 als alt auf-

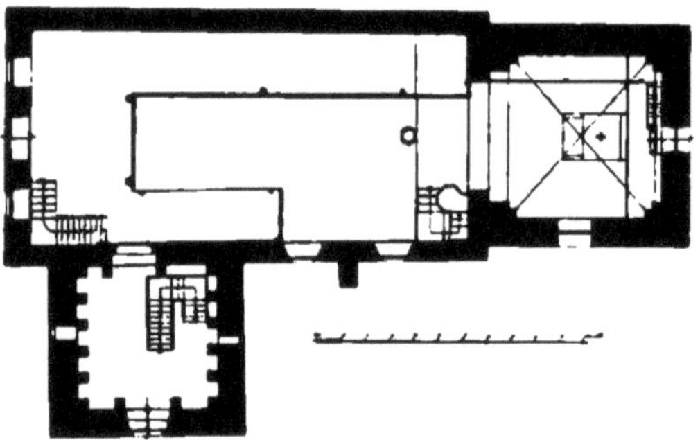

Fig. 34. Kirche in Wilkenburg; Grundriss. 1:300.

geführte kleine zinnerne Leuchter und eine als sehr alt bezeichnete blau dammastene Decke mit silbernen Spitzen, ein Raub der Flammen. 1807/08 werden 2 grosse messingene Altarleuchter, weil schadhaft, an den Glockengiesser Weidemann in Hannover für 3 Thlr. 24 Gr. verkauft.

Die einschiffige Kirche (Fig. 34), mit rechteckigem Chor und Thurm an der Südseite ist aus Bruchsteinen mit Eckquadern, der Thurm, die Westseite des Schiffes und der westliche Theil der Südseite aus Quadern errichtet. Sie ist mit Mansardendächern überdeckt, welche mit Pfannen, am Thurm mit Mönchen und Nonnen belegt sind. Beschreibung.

Der romanische Chor hat ein rippenloses Kreuzgewölbe, welches auf Eckpfeilern mit Kämpfern und Basis, beide aus Platte und Schräge bestehend, aufsitzt, im Osten eine halbkreisförmig geschlossene, jetzt als Thüre verlängerte Chor.

Oeffnung und auf der Südseite ein aus späterer Zeit stammendes, mit einem Korbbogen überdecktes Fenster.

Schiff. Das Schiff ist mit einem hölzernen, auf der Unterseite geputzten, segmentförmigen Tonnengewölbe des vorigen Jahrhunderts überdeckt, in welches die Mansardenfenster der Nord- und Südseite einschneiden. Die Westseite hat unten zwei Fenster mit geradem Sturz, dazwischen die Eingangsthüre und über derselben ein länglich rundes Fenster, die Südseite 2 Fenster mit geradem Sturz. Auf der Südseite steht ein Strebepfeiler. Hölzerne schlichte

Fig. 30. Kirche in Wilkenburg; Epitaphium.

Emporen befinden sich an der Westseite, der Nordseite und einem Theil der Südseite.

Thurm. Der untere aus Quadern erbaute Theil des Thurmes enthält auf der Südseite die spitzbogige, unprofilierte Eingangsthüre, darüber eine Sonnenuhr und in gothischen Minuskeln die Jahreszahl 1461. Eine zweite Sonnenuhr mit der Jahreszahl 1623 befindet sich etwas höher an der Südostecke. Unter den kleinen rechteckigen Fenstern hat dasjenige auf der Ostseite an den beiden Gewänden einen Fasen auf Wasserschlag. Der obere Theil des Thurmes besteht aus ausgemauertem Fachwerk; die Wetterfahne zeigt die Jahreszahl 1778.

III.

Fig. 35

KIRCHE IN WILKENBURG.

Der hölzerne aus dem XVII. Jahrhundert stammende Altar trägt an den Seiten die Wappen des Bodo v. Alten und der Anna Heidewieg v. Torney; er enthält vier gewundene Säulen mit verkröpftem Gebälk, Engelfiguren und Verzierungen, ist farbig behandelt und vergoldet. Zwischen den Säulen haben spätgothische Apostelfiguren Platz gefunden, die Mitte enthält das Bild des Ecce homo in halber Figur, eine von Gustav Müller in Dresden gefertigte Kopie des in der dortigen Gallerie befindlichen Originals von Guido Reni. (Fig. 35.) Altar.

Das schöne Epitaphium im Inneren des Chores an der südlichen Wand, aus Stein gearbeitet und farbig behandelt, zeigt in rundbogiger Nische mit Goldgrund eine knieende weibliche Figur, umgeben von den vier in den Ecken befindlichen Wappen mit den Unterschriften in Lapidaren: Epitaphe.

von Alten — von Holle
von Knesebke — von Horn

und der Umschrift:

Anno 1587 den 24. Janwary ist Tonnies von Althe die dritte Tochter Dorothea genant in diese Welt geborn vnd den 9. Jvny desselben Jahrs in Gott seblig entschlaffen.

An der Aussenseite der südlichen Chormauer hat das aus Sandstein gut gearbeitete Epitaphium des 1636 verstorbenen Pastors Haller und seiner 1622 verstorbenen Ehefrau Anna Bokelmans Platz gefunden. In einer Bogenstellung ist der Auferstandene zwischen zwei Engeln dargestellt, darunter das knieende Ehepaar, weiter unten die Lapidarinschrift „Ich bin die Auferstehung und das Leben u. s. w.“ (Fig. 36.)

Ueber ein weiteres Epitaphium, welches augenblicklich entfernt und zum Zwecke der Wiederherstellung verschickt ist, berichtet Mithoff Folgendes:

„Von vorzüglicher Arbeit ist ein grösseres Epitaphium, ein Triptychon aus flachen, anscheinend in Tempera bemalten Tafeln, oberhalb der sogenannten Gutspriechе an der Nordwand der Kirche hängend, leider aber durch Abblättern der Farben so zerstört, dass nur noch einzelne Theile der Malerei die Kunstfertigkeit des Meisters erkennen lassen. Das Hauptbild, etwa 7 Fuss (2,04 m) lang, 5½ Fuss (1,60 m) hoch, enthält den Gekreuzigten; im Hintergrunde eine Landschaft, im Mittelgrunde mehrere Figuren, darunter Frauen mit sehr schönem Gesichtsausdrucke. Vorn, zur Rechten des Beschauers, knieen eine männliche Figur und ein Knabe, neben dieser Gruppe liegt ein Kind in Windeln; gegenüber knieen zwei weibliche Gestalten und ein Mägdlein. Dieses Gemälde umgiebt an seinen vier Seiten ein Fries, aus welchem einzelne Engelsköpfe plastisch hervortreten, dessen übriger Schmuck aber aus meist in Gold gemalten Renaissanceverzierungen besteht, zwischen welchen oben eine (fast vergangene) Ueberschrift und unten folgende Reime in Goldschrift angebracht sind:

Dass Löblich Kindt ist Vnss Gebornn,
Woll Dem Der sichs Hadt Auserkornn,
Dem ist sein Ewig Ehr vnndt Ruhm,
Seins Herdtzen Freudt vnd Ehren Kron.

Die Flügel enthalten zwei knieende Figuren, einen Edelmann und eine Edelfrau im Costüm des XVI. Jahrhunderts, in grösserem Massstabe dargestellt, deren charakteristische Köpfe den Beschauer fesseln. Jede dieser Figuren war ursprünglich von 16 plastisch gearbeiteten Wappen umgeben, von denen nur einzelne noch vorhanden sind. Nach dem ersten Ahnenwappen über der männlichen Figur (von der Mitte nach links für den Beschauer) zu schliessen, wird das Epitaphium einem Herrn v. Alten und seiner Gemahlin angehören".

Fig. 37–38.
Kirche in Wilkenburg; Grabsteine.

Glasmalerei. Im südlichen Chorfenster befindet sich eine kleine gemalte Wappenscheibe mit der Inschrift: „Christian Friderich von Harling C. B. L. Geheimer Raht und Oberstalmeister."

Grabsteine. Ein Grabstein ist heute im Inneren der nördlichen Schiffswand liegend vermauert. Er ist nach unten verjüngt, trägt einen Stab mit Kreuz und die Reste einer Majuskelinschrift.

Im Fussboden des Thurmes liegt ein Grabstein mit der Umschrift in gothischen Majuskeln:

† Anno domini M · CCC · LXVII · in · die · Michaelis · obi(it) · v(enere) · vxor · heynen · de · Heynborch · (hic) · sepulta.

Die eingeklammerten Buchstaben sind durch Mithoff nach einer älteren Zeichnung ergänzt.

Auf dem Kirchhofe 18 grosse gut erhaltene Grabsteine von 1608 bis 1697, drei kleinere aus dem XVII. Jahrhundert, zwei grössere von 1708 und 1778 und vier wenig erkennbare Steine. Meist ist im oberen Theile der Gekreuzigte dargestellt, rechts und links davon die Familienmitglieder, unten die Inschrift. Der Stein des Matthias Callmeir, gestorben 1645, ist in Fig. 37 dargestellt, derjenige des Schafmeisters Heinrich Rode zu Harkenbleck, gestorben 1614, in Fig. 38. Letzterer zeigt die Eltern mit ihren 17 Kindern und die Bezeichnung des Meisters H. W. Hier stehen auch die Steine des 1608 gestorbenen Henny Ahlerdes und des 1611 gestorbenen Schafmeisters Gewert Maier.

Der sehr gut erhaltene Kronleuchter aus Messing stammt aus dem Jahre 1716, zwei Altarleuchter aus Zinn in den Formen der Fig. 2 sind 1753 gefertigt. Leuchter.

Der in der Axe vor dem Chore stehende Taufstein ist aus Sandstein hergestellt und bemalt. Das sechseckige Becken ruht auf einem Pfeiler, welcher von drei knieenden Engeln umgeben ist und zeigt auf einer seiner sechs Seiten die Inschrift: „Joh. 3. Es sei den das Jemand . . . . Anno 1643.“ Die folgenden Felder sind mit den Brustbildern der vier Evangelisten nebst Attributen und Namen sowie mit einem Relief geschmückt, welches die Taufe Christi darstellt. Die Inschriften am Fusse über den Engeln lauten „Marc. 16: Wer da glevbet und getavfft wird der wird selig werden“ und unterhalb der Engelfiguren „Luc. 18: Lasset die Kindtlein zv mir kommen vnd wehret ihnen nicht den solcher ist das Reich Gottes.“ (Fig. 35.) Taufstein.

An der nördlichen Wand des Schiffes nächst dem Chore sind im Inneren geringe Spuren einer Wandmalerei erkennbar, welche das jüngste Gericht dargestellt haben soll. Wandmalerei.

Gemalte Wappen befinden sich an den Stühlen auf der Nordseite des Schiffes vor dem Chore (D. v. Alten, D. v. Reden, D. v. Jeinsen und D. v. Bennigsen) und an der Empore der Südwand, letztere mit der Inschrift: Wappen.

Baltahsar von Wülfen
Catharina Elisabcht v. Eberstein
Anno 1672.

Wülfel.

Kapelle.

Litteratur: H. Sudendorf, Urkundenbuch zur Geschichte der Herzöge von Braunschweig und Lüneburg und ihrer Lande II, Urk. 446; C. L. Grotefend und G. F. Fiedeler, Urkundenbuch der Stadt Hannover, Urk. 320; H. A. Lüntzel, die ältere Diöcese Hildesheim, 45 Anm. 16; W. Havemann, Geschichte der Lande Braunschweig und Lüneburg III, 230; A. Köcher, Geschichte von Hannover und Braunschweig II, 163; vergl. auch Döhren und Laatzen.

Quellen: Kirchbuch zu Döhren; Kgl. Staatsarchiv zu Hannover, Kloster Marienrode, Urk. 182, 205, 207 und 208.

Geschichte. Wülfel hiess früher Wulfelde. Es begegnet urkundlich zuerst 1320 und wird dort wlfelde geschrieben. In Urkunden des Jahres 1325 werden wiederholt die villae Lathufen et Wulfelde (Wûlfelde) zusammen genannt. Am 17. September 1353 geloben Ritter Johann Pickard und seine Söhne, die ihnen verpfändeten beiden Mühlen vor der Burg zu Hannover, eine Mühle vor der Neustadt und dat dorph to wlfelde gegen Erstattung der Pfandsumme von 190 Mark Silber dem Herzog Wilhelm von Braunschweig und Lüneburg, seinen Erben und Nachfolgern, denen er seine Herrschaft lassen wird, auszuliefern. In einem Verzeichniss der Güter zu Kirchrode vom Jahre 1483 kommt der Ort ebenfalls als Wulfelde vor. Als sich die welfischen Fürsten 1671 in dem eroberten Braunschweig verglichen, überliess Johann Friedrich gegen Abtretung der Dörfer Döhren, Wülfel und Laatzen und der Gerichtsbarkeit auf dem Aegidienfelde vor Hannover seinem Bruder Georg Wilhelm die ihm zustehende Berechtigung an dem Dannenbergischen Anfall.

Beschreibung. Die jetzt als Spritzenhaus benutzte Kapelle bildet ein Rechteck von 10,8 m äusserer Länge und 7,5 m äusserer Breite, ist aus Bruchsteinen mit Eckquadern erbaut und mit einem Pfannendach überdeckt, welches am westlichen Ende einen viereckigen, mit Pfannen behängten Dachreiter trägt und auf dieser Seite abgewalmt ist, während die Ostseite mit einem pfannenbehängten Fachwerkgiebel schliesst. In der Nordwand ist ein 45 cm breites, spitzbogiges, nach aussen mit Schräge und Hohlkehle profilirtes Fensterchen erhalten, in der Südwand ein romanisches Fenster von gleicher Breite mit tiefen Schrägen nach Aussen und Innen, sowie eine jetzt vermauerte, spitzbogige Thüre mit Fasen auf der Aussenseite. Die Ostwand zeigt, ebenfalls jetzt zugemauert, einen aus Backsteinen hergestellten, spitzbogigen Triumphbogen, welcher nach Osten mit zierlichen Profilen — eine Hohlkehle zwischen zwei Rundstäben — versehen ist. Nach Osten schliessen sich dann die Mauerreste eines achteckig geschlossenen, schmaleren Chores aus Bruchsteinen an, welche durch einen Ansatz auf der Nordseite noch erkennen lassen, dass dieser Chor überwölbt war und Backsteinrippen im Birnstabprofil hatte, während das Schiff mit Balken überdeckt ist, welche oben mit Brettern belegt sind.

Die Glocke im Dachreiter hat einen Durchmesser von 60 cm und wurde laut Inschrift 1818 von J. C. Weidemann in Hannover gegossen. Glocke.

Der obere Theil eines schmucklosen Taufsteines von 64 cm Durchmesser trägt die Jahreszahl 1678. Taufstein.

Wülferode.

Kapelle.

Litteratur: H. Sudendorf, Urkundenbuch zur Geschichte der Herzöge von Braunschweig und Lüneburg und ihrer Lande X, Urk. 148; H. A. Lüntzel, die ältere Diöcese Hildesheim, 45 Anm. 16, 112 und 225; Mithoff, Kunstdenkmale und Alterthümer im Hannoverschen I, 183; Böttcher, Geschichte des Kirchspiels Kirchrode, 1. Heft, 94.

Quellen: Verzeichniss der kirchlichen Kunstdenkmäler von 1896; das Pfarrlagerbuch von Kirchrode vom Jahre 1670, angelegt vom Pfarrer Meyer; Kgl. Staatsarchiv zu Hannover, Cal. Br. Arch. Des. 21 C IV 4 No. 98.

Wülferode hiess früher Wulfingerode; es gehört zum Pfarrsprengel Kirchrode. Im Jahre 1404 bekennt Henneken Jordens, gogreue to deme hafsle, dat eck eyn richte ghehegliet hebbe to Wulfingherode vppe der van Ilten erbe. In einer Urkunde vom Jahre 1406 lautet die Namensform Wulnyngerode. In einem Verzeichniss der Güter zu Kirchrode vom Jahre 1483 finden wir auch Wulfingerode erwähnt. Die Kapelle zu Wülferode hat bereits 1595 bestanden; es ist uns nämlich eine Rechnung der Kapelle zu Wulfingrode für dieses Jahr und zwar als Anhang zur Rechnung der Kirche zu Kirchrode vom gleichen Jahr erhalten. 1597 wurde sie der Kirche zu Kirchrode einverleibt. 1670 mussten die Pfarrer ihre Pfarren beschreiben, und da wird unter anderen als Filiale von Kirchrode Wulferode genannt. „Die Kapelle“, so heisst es in dem angeführten Lagerbuch von 1670, „Ist breit 8 ellen, 14 ellen lang, bey 5 ellen hoch bis ans tach. Hat etwas Mangel am tach und Maur auf der Ecken Musz von ihren eigenen mitteln erhalten werden“. Sie wurde im Jahre 1756 durch den jetzt bestehenden einfachen Bau ersetzt. Geschichte.

Die Kapelle ist rechteckig, aussen 11,6 m lang, 8,8 m breit, in ausgemauertem Fachwerk ohne Kunstform auf einem Steinsockel errichtet und mit einem nach Osten und Westen abgewalmten Satteldach überdeckt, welches in der Mitte den quadratischen Dachreiter trägt. Im Inneren befindet sich auf der Westseite eine hölzerne Empore, und im Osten eine Altarwand aus Holz mit Kanzel und einem Bilde, welches das heilige Abendmahl darstellt und die Jahreszahl 1756 enthält. Beschreibung. Altar. Kanzel.

Die Glocke von 40 cm Durchmesser ist am Halse mit der Lapidarinschrift versehen: Glocke.

> Lobet ihn mit hellen Cymbeln lobet ihn mit wolklingenden Cymbeln.
> Anno 1644. Psalm C. L.

Darunter, durch einen Ornamentstreifen getrennt:

Ludolf Siegfried me fecit.

Taufstein. Ein sechseckiger, farbig behandelter Taufstein enthält an dem von drei Engeln gehaltenen Becken sechs gemalte Darstellungen: 1) Die Taufe im Jordan, 2) Die Unterredung mit Nikodemus und 3)—6) Die vier Evangelisten. Zu 1 gehört die Bibelstelle: Matth: 3 · Cap · V · 17 · Dies ist mein lieber Sohn an welchem etc., zu 2: Johan: 3 · V · 7 · Ihr müsset von Newen gebohren etc. Ueber den Evangelistenbildern stehen die Namen derselben, unter ihnen die Worte:

H. Conradvs Becker Senior . aetatis · 65 · Pastoratvs · 38 · Anno Christi 1661.

Er ist dem Taufstein in Langenhagen ähnlich, diesem jedoch künstlerisch nicht gleichstehend.

Der Landkreis Linden.

Einleitung.

Der Landkreis Linden wird im Norden vom Kreise Neustadt am Rübenberge, im Osten vom Land- und Stadtkreise Hannover und von dem Stadtkreise Linden, im Süden vom Kreise Springe und im Westen von einem Theil der Provinz Hessen-Nassau begrenzt. Er ist 296,55 qkm gross, hat 4507 Wohnstätten, 55 Landgemeinden und einen selbständigen Gutsbezirk. Die Natur hat das Land in zwei Theile getheilt, in das nördlich gelegene Leine-Flachland und in das Berg- und Hügelland am Deister. Das erstere ist fruchtbar und landschaftlich anmuthig. Eine Menge von kleinen Flüssen und Bächen, welche dem Deister entströmen, bewässern dasselbe. Die Gegenden von Egestorf, Landringhausen, Almhorst, Lathwehren und Harenberg zeigen Waldungen. Von Bergen sind der Benther Berg, 154 m hoch, und die Gehrdener Berge, bis zu 146 m ansteigend, zu nennen. Daneben gibt es eine Anzahl kleinerer Erhebungen, so den Gipsberg bei Ronnenberg, den Tönniesberg bei Bornum und weitere bei Limmer, Harenberg, Döteberg, Stemmen und Gross-Munzel. Der Haupttheil ist guter Ackerboden; Landwirthschaft bildet die Haupterwerbsquelle. Der Landkreis hat an mehreren Stellen Zuckerfabriken, Salinen, Kalkbrennereien, Ziegeleien und Glashütten aufzuweisen; Asphalt findet sich bei Limmer. Der Deister, dessen Kamm die Südwestgrenze bildet, ist reich bewaldet. Er erreicht im Höfeler eine Höhe von 403 m. Der Deistersandstein ist ein bekanntes Baumaterial. Vor allem wichtig aber ist der Reichthum des Deisters an Kohlen; im Jahre 1887 betrug die Gesamtausbeute 7 309 000 Centner. Den Hauptmittelpunkt des Bergbaus bildet Barsinghausen. Die Zahl der Bewohner beläuft sich auf 39 128. Sie gehören ihrer Abstammung nach dem niedersächsischen Volksstamme an.

„Das Land zwischen Deister und Leine" bildet den Grundstock des ehemaligen Fürstenthums Calenberg. Dieses fiel bei der Theilung der Braunschweigischen Lande im Jahre 1495 mit Göttingen an Erich den Aelteren.

Dieser soll die ihm von seinem Vater, dem Herzog Wilhelm dem Jüngeren, freigestellte Wahl mit den Worten vollzogen haben:

Dat Land twischen Deister und Leine,
Dat is dat rechte, dat ek meine.

Beim Erlöschen dieser Linie mit Erich II. im Jahre 1584 fiel Calenberg an Braunschweig-Wolfenbüttel, mit welchem es bis 1634 vereinigt blieb. 1635 fand eine abermalige Theilung statt, durch die Herzog Georg (gestorben 1641) das Fürstenthum erhielt.

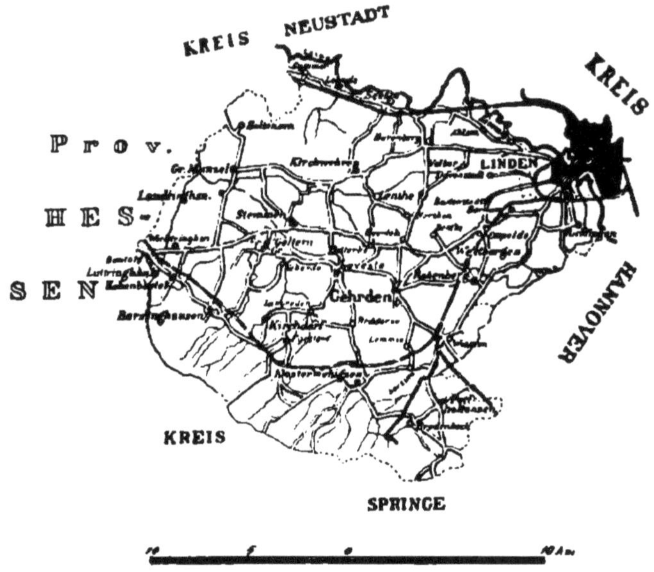

Fig. 39. Der Landkreis Linden.

Der Landkreis Linden war bis zum Jahre 1859 in die drei Aemter Blumenau, Linden und Wennigsen getheilt, und bis zum Jahre 1885 in die beiden Aemter Linden und Wennigsen.

In kirchlicher Hinsicht gehörten die Ortschaften des Landkreises zur Diöcese Minden.

Den Verkehr vermitteln die Chausseen Nenndorf-Hannover, Hameln-Hannover und die in Fig. 39 angegebenen Landstrassen, von denen die von Egestorf mitten über den Deister nach Eimbeckhausen führt.

Unser Landkreis wird von den Eisenbahnlinien Wunstorf-Hannover, Haste-Weetzen und Hameln-Hannover durchschnitten.

Ebenso wie im Landkreise Hannover so sind auch hier die Anfänge der kirchlichen Baukunst an manchen Orten bis in die romanische Zeit zu verfolgen, unter Anderem in Ronnenberg und in Wennigsen mit dem schönen, gut erhaltenen Bogenfeld. Auch der Uebergangsstil tritt mehrfach auf. Ein prächtiges Beispiel hierfür gibt die in kräftigen Formen gehaltene Kirche in Barsinghausen, ein Werk aus einem Gusse, welches leider unvollendet geblieben ist, sowie der Thurm in Gehrden mit seinem bemerkenswerthen Eingang. Dann haben alle folgenden Jahrhunderte ihre Spuren an den Gotteshäusern hinterlassen, indem vielfach Veränderungen stattfanden oder einzelne Theile in anderem Stile neu errichtet wurden. Auch in der gothischen Zeit entstanden Neubauten, welche später ebenfalls wieder ganz oder theilweise umgebaut wurden. Dem XVIII. Jahrhundert gehören mehrere Saalkirchen an, welche meist unter Benutzung des alten Thurmes neu errichtet worden sind. Unter den Kapellen sind mehrere gothische Bauwerke erhalten, diejenigen der späteren Jahrhunderte sind vielfach einfache, manchmal dürftige Gebäude.

Unter den Altären befinden sich einzelne mit guten Schnitzwerken in spätgothischen Formen; aus der Zeit des späten Barock mit seinem kräftigen Laubwerk besitzen wir den sehr schönen Altar in Lenthe, auch der Hauptaltar in Wennigsen gehört hierher. Die Leuchter sind mit geringen Ausnahmen als Renaissance- oder Barockleuchter dem XVI., XVII. und XVIII. Jahrhundert zuzuschreiben. Aus dieser Zeit sind auch die meisten Glocken erhalten, obgleich mehrere derselben in das XV. Jahrhundert zu setzen sind. Besonders zu nennen ist die prachtvolle Glocke der Kirche in Gehrden, welche die Jahreszahl 1355 trägt.

Die Kelche, Patenen, Kannen und Ciborien stammen aus der Zeit vom XVII. bis Anfang des XIX. Jahrhunderts; einzelne sind älter. Einen schönen Crucifixus aus dem Anfange des XII. Jahrhunderts, welcher als Vortragekreuz gedient hat, besitzt die Kirche in Holtensen.

Grabsteine und Epitaphien sind an manchen Stellen mit Vorliebe behandelt; fast alle Jahrhunderte sind vertreten. Aus der älteren Zeit ist besonders der Stein des Propstes Bodo in Barsinghausen, 1203—1213, zu nennen; dann hat das XVII. Jahrhundert schöne Wappensteine geliefert, so in Lenthe und Wennigsen.

Von den Herrenhäusern des Landkreises Linden ist wenig erhalten. Wir finden ausser dem Graben, welcher die Gebäude umgibt, meist nur einzelne Bautheile als Reste, welche in die Renaissance- und Barockzeit gehören. Vollständige Klosteranlagen sind in Barsinghausen und Wennigsen auf uns gekommen.

Badenstedt.

Kapelle.

Litteratur: H. Sudendorf, Urkundenbuch zur Geschichte der Herzöge von Braunschweig und Lüneburg und ihrer Lande I, Urk. 184 und VI, Urk. 109; C. L. Grotefend und G. F. Fiedeler, Urkundenbuch der Stadt Hannover, Urk. 167; H. A. Lüntzel, die ältere Diöcese Hildesheim, 83; Vaterländisches Archiv des historischen Vereins für Niedersachsen 1835, 210; Mithoff, Kunstdenkmale und Alterthümer im Hannoverschen I, 8.

Badenstedt erscheint im XIV. Jahrhundert als badenſtede; so im Lehnsregister des Bischofs Gottfried von Minden zwischen 1304 und 1324, im Lehnsregister der Herzöge Otto und Wilhelm zu Braunschweig und Lüneburg zwischen 1330 und 1352, sowie im Lehnsregister des Bischofs Otto von Minden zwischen 1385 und 1397. In ersterem begegnet neben viermal vorkommendem badenſtede auch einmal die Namensform dadenſtede, welche aber wohl auf einem Verschreiben beruhen wird. Der Ort, welcher mit Linden zum Archidiakonate Pattensen gehörte, besitzt eine dürftige, rechteckige Fachwerkskapelle mit Dachreiter an der Westseite. In einem Riegel über dem Eingang steht die Jahreszahl 1787. Eine hölzerne Altarwand aus dem XVII. Jahrhundert ist 1878 renoviert. Die Glocke von 40 cm Durchmesser wurde laut Inschrift im Jahre 1717 von M. Thomas Rideweg in Hannover für die Gemeinde Badenstedt gegossen.

Geschichte. Beschreibung. Altar. Glocke.

Barsinghausen.

Kirche und Kloster.

Litteratur: W. von Hodenberg, Calenberger Urkundenbuch I, an vielen Stellen, siehe besonders Urk. 2—4, 12, 97 und 220; H. Sudendorf, Urkundenbuch zur Geschichte der Herzöge von Braunschweig und Lüneburg und ihrer Lande I, Urk. 184; VI, Urk. 109 und VIII, Urk. 253 Anm.; C. L. Grotefend und G. F. Fiedeler, Urkundenbuch der Stadt Hannover, Urk. 80, 83, 176, 280, 363 und 375; Merian, Topographia und Eigentliche Beschreibung Der Vornembsten Stäte, Schlösser auch anderer Plätze und Oerter in denen Hertzogthümern Braunschweig und Lüneburg, und denen dazu gehörenden Grafschafften, Herrschafften und Landen, Frankfurt 1654, 48; G. G. Leibniz, Scriptores rerum Brunsvicensium II, 175 und 864; Chr. L. Scheidt, Mantissa documentorum, wodurch die ... Nachrichten von dem hohen und niederen Adel in Teutschland ... erwiesen werden, Hannover 1755, 345; Aspern, cod. dipl. schauenburg. II, 166; Grupen, orig. Pyrmont., 72; B. Chr. von Spilcker, Geschichte der Grafen von

Wölpe und ihrer Besitzungen, Arolsen 1827, 28 und 71; Mithoff, Kunstdenkmale und Alterthümer im Hannoverschen I, 9—11; W. Stedler, Beiträge zur Geschichte des Fürstenthums Calenberg, 1. Heft, 111; 2. und 3. Heft; W. Havemann, Geschichte der Lande Braunschweig und Lüneburg I, 309; II, 71 f. und III, 467 f.; J. Meyer, die Provinz Hannover in Geschichts-, Kultur- und Landschaftsbildern, Hannover 1888, 774; W. Lotz, Kunsttopographie Deutschlands I, 64; W. Lübke, die mittelalterliche Kunst in Westfalen, Leipzig 1853, 189—191; H. Otte, Handbuch der kirchlichen Kunstarchäologie des Deutschen Mittelalters, 5. Auflage, II, 203; Zeitschrift des historischen Vereins für Niedersachsen 1858, 111—130, und 1862, 376.

Quellen: Verzeichniss der kirchlichen Kunstdenkmäler von 1896; Kirchen und Kapellen im Königreich Hannover, Fürstenthum Calenberg, in der Bibliothek des historischen Vereins für Niedersachsen No. 177, II; Kgl. Staatsarchiv zu Hannover, Kloster Barsinghausen, Urk. 1a und 4; Kloster Wennigsen, Urk. 8, 130 und 271; Grafschaft Schaumburg, Urk. 1; Calenb. Brief. Archiv Des. 7 Kloster-Registratur Barsinghausen No. 30 und 31; Hann. Des. 75 III K 2 No. 6 und No. 25; Des. 113 L I 2 d No. 6, und Geographische und historische Beschreibung der Chur-Braunschweigischen Fürstenthümer Calenberg, Göttingen und Grubenhagen, begonnen 1709, Ms. O. 13, 76.

Abbildungen: Bei Merian hinter Seite 48 eine Totalansicht von Barsinghausen mit „Wunsdorf, Colfeldt, Blumenaw, Landringhaufen, Neuftadt“ rechts im Hintergrunde, welche bei Stedler im Eingang zum zweiten Heft in verkleinertem Maassstabe wiederholt ist; bei Mithoff auf Tafel I Grundriss der Kirche in ihrem früheren Zustande, auf Tafel II das Portal auf der Nordseite, auf Tafel III ein Fenster der Concha am nördlichen Kreuzarme; auf Tafel V die beiden inneren freistehenden Pfeiler, auf Tafel VI der Grabstein des Propstes Bodo; bei Lübke auf Tafel XII, 5—9 Grundriss, östlicher Aufriss und Querdurchschnitt der Kirche, Grundriss des Nonnenchores, Console im Grabkeller, Giebel des nördlichen Seitenschiffes; in „Kirchen und Kapellen u. s. w.“ ein Grundriss der Kirche vom Jahre 1861 (Handzeichnung); auf dem Titelblatt des Calenberger Urkundenbuches I eine Wiedergabe des ältesten Klostersiegels.

Geschichte. Die älteste Nachricht von Barsinghausen betrifft die Kirche. Im Jahre 1193 bekundet Bischof Berno zu Hildesheim, dass der bischöfliche Dienstmann Heinrich mit dem Beinamen „der Eiserne“ der ecclefia fancte dei genitricis uirginis marie in berkingehufen sechs Hufen Landes in eidinkedufen und sechs Hufen Landes in nigenftide verkauft habe. Die Kirche war ebenso wie das Kloster der Jungfrau Maria gewidmet. Noch 1584 war das Marienbild, „darauff dies Closter anfengklich gestiftet vnd gebawet“, im Kloster vorhanden. In eben diesem Jahre schreibt die Herzogin Dorothea den Stiftsjungfrauen, dass der Rektor des Jesuiterkollegii zu Fulda jenes Marienbild, das sie noch vor einigen Jahren habe bekleiden lassen, abholen lassen würde, und sie sich dem nicht widersetzen möchten.

Das Kloster war ursprünglich ein Mönchs- und Nonnenkloster. In einer in die Zeit zwischen 1200 und 1202 zu setzenden Urkunde überlässt Bischof Thetmar zu Minden den Zehnten in denjenigen Marken, in welchen die miniftri (Leute) beate Marie in berzinghufen von den Markgenossen Bäume zu roden Erlaubniss erhalten werden, der beate dei genetrici Marie in berzinghufen necnon feruif et ancillis deo inibi militantibus zu dauerndem Besitz.

Das Kloster war ein Augustinerkloster. Die Gründung dürfte etwa in die Zeit von 1185 bis 1193 zu setzen sein. Stedler nennt als wahrscheinliches

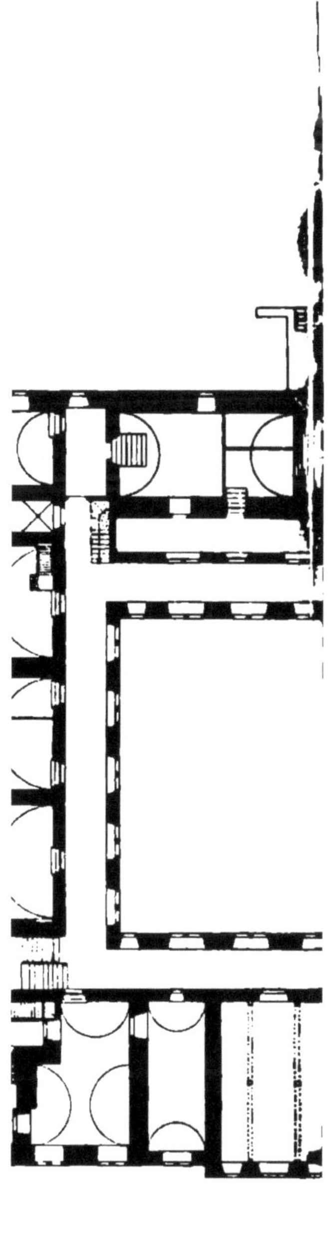

KIRCHE UND KLOSTER IN

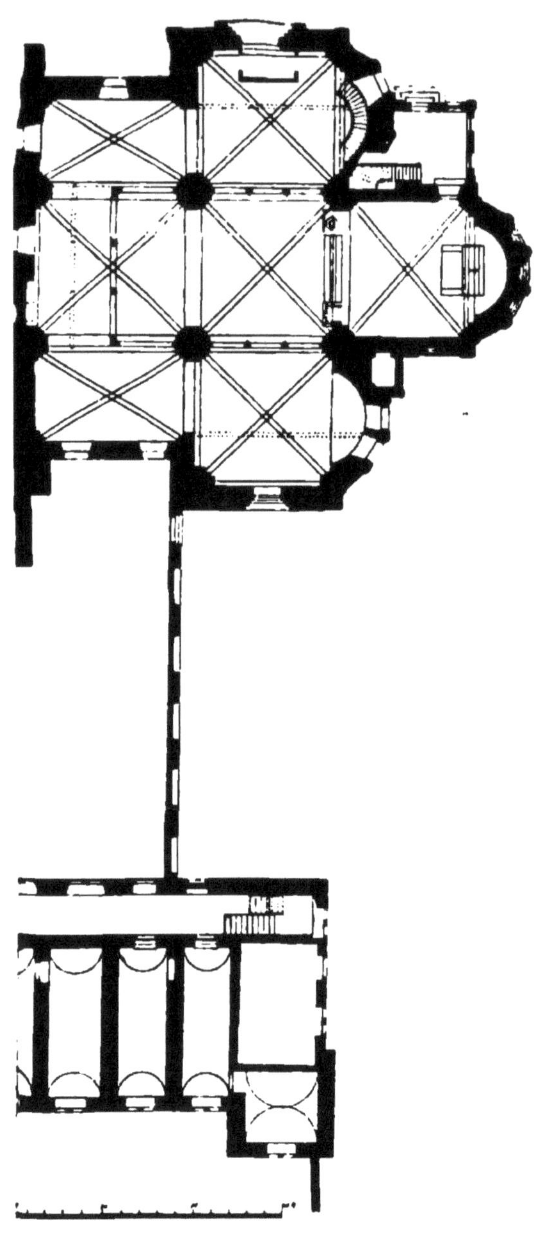

SINGHAUSEN; GRUNDRISS.

Fig. 41.

KIRCHE IN BARSINGHAUSEN

Fig. 43.

KIRCHE IN BARSINGHAUSEN.

Gründungsjahr das Jahr 1189. Das Dunkel der Entstehung wird durch eine Urkunde des Bischofs Thetmar zu Minden vom Jahre 1203 geklärt. Daraus ersehen wir, dass der Edelherr Wedekind von Schwalenberg der Gründer des Klosters ist. Dieser leistet nach jener Urkunde auf Berchingehuſen, das er vom Mindener Bischof zu Lehen trug, Verzicht und bittet, inibi monaſterium et congregationem ſeruorum et ancillarum dei zu errichten, was auch geschieht. Das Kloster wird nach der Regel des heiligen Augustinus eingerichtet und erhält einen Propst, der in geistlichen wie weltlichen Dingen für dasselbe sorgen soll. Als dann nach geraumer Zeit des Stifters Bruder Gottschalk von Pyrmont auf seine Vogtei über Barsinghausen verzichtet, erhält das Kloster das Recht, sich selber einen Schirmherrn, und falls dieser später missfiele, statt dessen einen anderen zu wählen. Auch darf dem Kloster kein anderer Propst vorgesetzt werden, als welchen es sich selber einstimmig vom Bischof erbittet. Endlich wird auf Bitten des Propstes Bodo der Bann ausgesprochen über jeden, welcher das Kloster schädigen wird. Die Bestätigung durch den Papst Innocenz erfolgte 1216.

Schon nach kaum 30 Jahren war der Grundbesitz auf rund 3000 Morgen gestiegen, wozu der Zehnte aus 12 Ortschaften kam. Im Jahre 1305 verkauft das Kloster Corvey dem Kloster zu bertzingehuſen das Amt zu Honborſtolden samt dem Patronalsrecht über die Kirche daselbst, und 1357 schenken die Gebrüder Hermann und Heinrich, Grafen von Pyrmont, dem Kloster das Patronatsrecht über die Kirche St. Alexandri zu loteringhehuſen. Im Jahre 1615 besass das Kloster Güter in mehr als 80 Orten.

Die Namensform ändert sich bei dem häufigen Vorkommen des Ortes zu sehr, als dass wir alle Verschiedenheiten derselben aufzählen könnten. Wir heben daher nur einige besonders bemerkenswerthe heraus: auf dem ältesten Klostersiegel berchighusen, zwischen 1203 und 1213 Berkenhuſen, 1213 Berſcyngehuſen, 1216 Berchſihuſen, 1255 Berezigghuſen, 1256 Berchiggehuſen, 1259 Bercigehusen, 1264 birchinhuſen, 1299 bircinghehuſen, zwischen 1304 und 1324 Wercingehusen und Wersinghehusen, 1321 berſingehuſen, 1368 berſſinghehuſen. Unter der Regierung Wilhelm des Aelteren, 1416—1482, wurde das Kloster wie auch die übrigen einer Reform unterzogen. Mönche werden nach 1463 nicht mehr erwähnt. 1543 wurde die Reformation im Kloster eingeführt. Um 1560 wurde die St. Johanniskapelle, welche vor dem südlichen Kreuzarme und mit diesem in Verbindung stand, durch Feuer zerstört. Zwischen 1587 und 1589 wurden das Dach der Kirche, die Spitze des Thurmes und dessen „Durchgesichte“ erneuert; Meister Valentin stellte eine neue „Teufe“ her. Die Damen erhielten einen neuen Gang zur Kirche, welcher dort hergerichtet wurde, wo früher die Johanniskapelle gestanden. Er verschwand jedoch 1661 mit dem Bau des Klosterbrauhauses.

1582 hören wir von einem schönen alten, vergoldeten, 32 Loth Silber schweren Kelch und einem „violenbraun sammetten“ Messgewand mit einem Perlenkreuz, welche sich in der Kirche des Stiftes befanden. Die Herzogin Dorothea bittet sich dieselben wegen ihrer Schönheit zur Ansicht aus.

Nach dem „Inuentarium des Klosters Barſihausen" vom Jahre 1584 befanden sich „vff vnd vor dem Junfern Chor" ein Altar geziret mit vmhang vorguldet altar Tafel, mit vnſer lieben frawen ſampt der geburdt vnd leiden Chriſti In Holz geschnitten, sowie 12 Heilige vffm altar vnd darbei; und in dem „Chor vf der Kirchen" ein altar mit vorguldeter Tafelen St. Maria et trium regum vnd anderer heiligen, drei Glocken im torne und eine groſſe glocke vf dem Kirchoffe.

Zwischen 1660 und 1670 wurden Kloster und Klosterwirthschaftsgebäude, auch Pfarrhaus und Mühlen neu hergerichtet; gleichzeitig entstand der Glockenthurm, welcher abseits vom Gotteshause auf dem Kirchhofe steht. Wie die übrigen Calenbergischen Jungfrauenklöster hatte auch das zu Barsinghausen in Folge des dreissigjährigen Krieges arge Einbusse an Einkünften erlitten. 1663 wurde die von Georg Wilhelm veröffentlichte neue Klosterordnung eingeführt. 1693 stellt sich das Bedürfniss nach einer neuen Orgel ein. Wir lesen darüber in einem Aktenstück vom 2. Januar 1693 folgendes:

„Weiln die nohtwendigkeit erfordert, dasz wegen herunter kommung
„der Barsinghaüsischen Orgel zu einer neuen einige unkosten be-
„nötiget sind, alsz werden gute Gönnere und Freunde hiemit ersuchet,
„nach Ihren belieben zu Gottes Ehren etwas bey zutragen, wollen
„deszwegen Ihren nahmen samt dem destinirten (?) quoto hierunter
„zu zeichnen sich gefallen laszen etc."

Sie wurde 1694 durch Hinrich Klausing aus Herfort für 330 rthlr. gebaut.

1716—1718 fand eine Renovierung der Kirche durch den Oberbaumeister J. L. Borchmann statt. Das Holzwerk des Thurms wurde erneuert, die Kanzel an ihren jetzigen Platz gestellt, der Taufstein durch einen Taufengel ersetzt, ferner wurde eine neue Orgel und ein neuer Altar beschafft. Mithoff äussert sich über den Altar wie folgt:

„Die Predella war mit einer bildlichen Darstellung der Jünger von Emmaus versehen. Auf derselben stand, von korinthischen Säulen und Pilastern eingefasst, ein 10 Fuss hohes Oelgemälde, die Kreuzigung Christi darstellend, und darüber auf dem Hauptgesimse ein besonderer, oben abgerundeter Aufsatz, welcher den Auferstandenen, darüber einen Kopf und eine Taube, als Andeutung Gottes des Vaters und des heiligen Geistes enthielt. Zur Seite dieses Altarwerks befanden sich südlich Johannes d. T. mit dem Lamme zu seinen Füssen und dem „ecce agnus" auf dem Bande seines Kreuzstabes, nördlich Johannes d. Ev. mit dem Kelche, beide in Lebensgrösse und daneben auf der den Altar von der Apsis trennenden Brettwand zwei Passionsengel, der zur Linken Speer und Hammer, der zur Rechten Schwamm und Geissel haltend. Der Entwurf zum Altaraufsatze in 'corinth. Ordre' rührte vom Oberbaumeister Borchmann her, die Gemälde waren von 'des Königs besten Maler' Mr. G. Lafontaine in Celle für 100 Thlr., die Bildhauerarbeiten von Konr. Heinr. Bartels daselbst für 400 Thlr. angefertigt."

Erhalten ist uns ein Verzeichniss der Pretiosa und Reliquien des Klosters vom Jahre 1742. Wir heben daraus folgendes hervor:

eine verguldete silberne kostbar ausgearbeitete Monstrance,
ein silbern verguldet Crucifix,
ein klein Hirschhorn von Corallen-Zink mit silber beschlagen, worann ein klein silbern durchgebrochen Crucifix hanget,
das Bildnis der Maria von Elfenbein mit einem silbern Fuesz,
2 kleine höltzern Tübchen, worinn allerley Reliquien und 1 lediges, worinn der Mutter Marie Milch soll gewesen sein.

In diesem Jahre am 25. September in der Nacht wurde das Kloster bestohlen und alle darin verwahrten vasa sacra der Kirche mit geraubt.

Im Jahre 1753 wird dem Baumeister Körtje die Reparation und Ausbauung des alten Flügelgebäudes im Kloster, gleich neben der Kirche, für 1054 rthlr. übertragen. Grund- und Aufrisszeichnung sind erhalten und liegen in der Akte Hann. Des. 75 III K 2 No. 25 des Kgl. Staatsarchivs zu Hannover.

1758 wird die Orgel durch den Orgelbauer Christian Cramer für 60 rthlr. in Ordnung gebracht. Erhalten ist uns ein Grund und Stand-Risz von der Orgel-Prieche zum Closter Barsinghausen vom Jahre 1759, angefertigt von Körtje. Er liegt in der Akte Hann. Des. 75 III K II No. 6 des Kgl. Staatsarchivs zu Hannover. 1763 wird demselben Christian Cramer der Bau einer neuen Orgel übertragen, welche 1777 durch den Orgelbauer Zuberbier aus Hameln für 239 rthlr. repariert wird. 1816 nimmt der Orgelbauer Kuszmann aus Wettmar mit seinem Sohn die Orgel ab, verlegt sie auf eine andere Stelle und setzt sie in einen vollkommenen Zustand.

Zuletzt wurde die Kirche im Inneren durch den Oberlandbaumeister Vogell in der Zeit von 1862—1865 umgestaltet. Von der zuerst geplanten Erweiterung nach Westen wurde Abstand genommen, der erhöhte Nonnenchor im südlichen Seitenschiff, welcher auf Kreuzgewölben ruhte, eine Erweiterung im südlichen Seitenschiff hatte, und dessen untere Räume durch Mauern von der Kirche getrennt waren, wurde zugleich mit den unteren Fenstern dieser Gruftkirche beseitigt und der so geschaffene Raum mit Sitzplätzen versehen. Dann wurden Emporen auf der West-, Nord- und Südseite eingerichtet, ein neuer Altar mit dem Christusbilde des Professors Oesterley in Hannover aufgestellt, das Klosterbrauhaus, welches den Ostflügel des Klosters bildete und sich gegen das südliche Kreuzschiff legte, abgebrochen, und die Thüre zwischen Kloster und Kirche am westlichen Theile wieder geöffnet. Gleichzeitig wurden die wieder aufgefundenen Reste eines Schnitzwerkes zu einem Altar verarbeitet, welcher jetzt auf dem neuen Nonnenchor Platz gefunden hat, weiter wurde durch Aufgrabung festgestellt, dass die Fundamente der für den Weiterbau nach Westen erforderlichen Pfeiler vorhanden sind und schliesslich der Grabstein des Propstes Bodo, welcher im nördlichen Kreuzarme gefunden wurde, im Inneren des Chors in der Südwand eingemauert.

Im Kloster befinden sich augenblicklich 13 adelige Damen, eine Oberin und 12 Konventualinnen.

Das Gotteshaus ist eine der ältesten dreischiffigen Hallenkirchen Niedersachsens, mit Querschiff und drei Apsiden, welche innen rund, aussen polygonal geschlossen sind. Es ist aus Sandsteinquadern mit Bruchsteingewölben errichtet

Beschreibung. Kirche.

und unvollendet geblieben, indem vom Langhause nur ein Joch zur Ausführung kam, sodass das Ganze zunächst den Eindruck eines Centralbaues macht (Fig. 40—42). Die Kirche wird in der ersten Hälfte des XIII. Jahrhunderts errichtet sein und zeigt schöne, kräftige Formen des Uebergangsstils. Chor, Langschiff und Querschiff sind mit fünf quadratischen, die Seitenschiffe mit zwei rechteckigen Kreuzgewölben überdeckt, deren Rippen als schwere Wulste ohne Schlussstein gebildet sind und auf Ecksäulen aufsitzen. Letztere liegen in

Fig. 43. Kirche in Barsinghausen; Portal.

den vier Ecken der Kreuzpfeiler und haben über dem Pfeilersockel eine besondere Basis mit Eckblättern und unter dem aus Platte, Wulst und Hohlkehle bestehenden Kämpfer des Pfeilers ein besonderes Kapitäl. Schildbögen und Gurtbögen sind spitzbogig und haben rechteckigen Querschnitt. Zwischen Chorvorlage und Nebenapsiden waren kleine Ausbauten vorhanden mit je zwei Räumen übereinander, von denen der nördliche durch den Bau der Sakristei in späterer

Zeit verdrängt worden ist. An der Westseite steht ein kleiner Treppenthurm mit schmalen, rechteckigen Fensterchen, über dem südlichen Querschiff ein Dachreiter mit Glocke.

Die Fenster sind — mit Ausnahme des rundbogig geschlossenen Fensters im südlichen Querschiff — spitzbogig und gleichmässig mit Ecksäulen versehen; das kräftig gegliederte, bemerkenswerthe, spitzbogige Portal des nördlichen Querschiffs ist in Fig. 43 wiedergegeben. Zwischen den Lisenen, welche im östlichen Theile gut erhalten sind, liegen Spitzbogenfriese, die vorhandenen Strebepfeiler sind als Verstärkung später angebracht. Das südliche Seitenschiff ist durch zwei spitzbogige Fenster beleuchtet, zwischen denen sich zwei gleich grosse, spitzbogige Nischen befinden, sodass eine Gruppe entsteht. Ueber dem östlichen dieser Fenster tritt aus der Mauer ein Spitzbogen hervor, welcher nach unten noch kurze Gewände hat; die Bedeutung desselben ist nicht klar. Der Chor, jetzt durch vier Stufen erhöht, lag früher höher und hatte gleich dem südlichen Querschiff eine Gruft; die zur Beleuchtung der letzteren nothwendigen Fenster sind im Aeusseren des Chores heute noch zu sehen. Neuere Emporen befinden sich auf der West-, Nord- und Südseite der Kirche.

Fig. 44. Kirche in Barsinghausen; Epitaph.

Kloster.

Von den Klostergebäuden aus der Mitte des XVII. Jahrhunderts, welche sich um einen quadratischen Hof legten, wurde der östliche 1863 abgebrochen. An seiner Stelle steht jetzt eine Abschlussmauer. Die Gebäude sind in einfachen Formen, meist massiv mit Eckquadern errichtet, eingeschossig, an den Eck- und Mittelbauten zweigeschossig.

Glockenthurm.

Der quadratische Glockenthurm des Jahres 1668 von 5,4 m Seitenlänge steht von der Kirche entfernt auf der Nordseite, ist massiv mit Eckquadern und rundbogig geschlossenen Oeffnungen, glatten Kämpfer- und Schlusssteinen. Das obere für die Glocken bestimmte Fachwerkgeschoss, welches mit einem vierseitigen Zeltdach abschliesst, scheint später aufgesetzt zu sein.

Altar.

Der Altar auf der Empore des südlichen Querschiffes, dem Klosterchore, wurde 1863 mit Benutzung schöner, damals wieder aufgefundener, spätgothischer Schnitzwerke, welche Begebenheiten aus dem Leben Christi darstellen, aufgebaut.

Altarleuchter. Zwei silberne Altarleuchter, von dem Verwalter Kurt Schweitzer 1659 gestiftet.

Epitaphe und Grabsteine. Ein schönes Epitaphium, jetzt aussen am nördlichen Querschiff angebracht, ist das des Kindes Magdalena Dorothea von Windheim, gestorben 1658. Es stand bis 1863 am nördlichen Pfeiler in der Kirche (Fig. 44). Der Stein, welchen der Pastor Limburg seinen beiden 1659 verstorbenen Kindern setzen liess, steht an der Westseite der Kirche. Im Ganzen sind am Aeusseren des Gebäudes jetzt 10 Grabsteine und Epitaphien angebracht, welche meist mit figürlichen Darstellungen versehen sind und dem XVI. und XVII. Jahrhundert angehören, unter diesen noch der Grabstein des Oberförsters Cammit und seiner Frau aus dem XVI. Jahrhundert. Im Inneren an der südlichen Chorwand steht seit 1864 der Grabstein des Propstes Bodo mit der ganzen Figur des Verstorbenen im Messgewande, welcher einen Kelch in der Hand hält, und in einem Rundbogen zwischen zwei Säulen untergebracht ist. Oben befindet sich die Hand Gottes und die Inschrift Bodo p̄. (praepositus). Der Stein ist nach unten verjüngt (Fig. 45). Von den drei Pröpsten Bodo, welche das Kloster gehabt hat (1203—1213, 1409—1413 und um 1417—1425) kommt der älteste in Betracht. Im Klosterhofe sind noch 9 meist einfache Grabsteine aus dem XVII. und XVIII. Jahrhundert. Bemerkenswerth ist das schöne, gut erhaltene Epitaphium des Amtmanns Evert Jurgen Hilmer Arens aus dem Jahre 1596. Es zeigt den Verstorbenen knieend vor dem Gekreuzigten.

Fig. 45.
Kirche in Barsinghausen; Grabstein.

Gemälde. Zwei Gemälde des früheren Hauptaltars, vom Hofmaler Lafontaine in Celle 1717 gemalt, stellen den Gang nach Emmaus und den Gekreuzigten dar. Ersteres befindet sich jetzt in der Sakristei, letzteres auf dem Klosterchore.

Glocken. Die grosse Glocke hat 120 cm Durchmesser und trägt mehrere Lapidarinschriften, oben auf der Rückseite mit drei Zeilen:

Psalm C. L. Lobet den Herrn mit hellen Cymbeln
lobet ihm mit wohlklingenden Cymbeln.

Auf der vorderen Seite sechs Zeilen:

Gott zu Ehren der Kirchen Barsinghausen zum Besten bey zeiten der Abbatissinn Maria Gerdrut Elisabeth von Estorff Amtmann

Eberhart Christian Baring und Pastor Jacob Leopold Timaeus ist diese Glocke umgegossen.

Am Rande hat ein Rokokoornament Platz gefunden, welches von den Worten unterbrochen wird: Joh. Heinr. Christ. Weidemann goss mich Hannover anno 1776.

Die zweite Glocke — Durchmesser 91 cm — trägt am Halse in Lapidaren die Inschrift:

Alles was Odem hat lobe den Herrn. Halleluia. Psalm CL.

in der Mitte, fünfzeilig:

Gott zu Ehren der Kirchen Barsinghausen zum besten bei Zeiten der dña Ilsen v. Rehden A. G. V. Wintheim und Past. Frid. Limburg ist diese Glocke umgegossen durch M. Ludolf Siegfried in Hannover im Jahre Christi 1668.

Die kleine Glocke mit 72 cm Durchmesser ist mit der vierzeiligen Lapidarinschrift versehen:

Zur Ehre Gottes ist diese Glocke gegossen von Johan Henrich Christoff Weidemann in Hannover anno 1748.

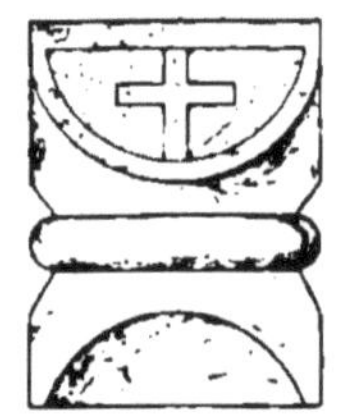

Fig. 46.

Drei einfache Kelche aus Silber, vergoldet, der kleinste von 1684. Kelche.

Das älteste Klostersiegel enthielt die gekrönte, sitzende heilige Jungfrau mit dem Christuskinde auf einem Throne, in der Rechten ein lilienförmiges Szepter haltend. Die Umschrift in gothischen Majuskeln lautete: Siegel.

Sigillum beate . . . . . . erehighusen.

Das neuere Siegel ist auch rund; hier ist die Königin des Himmels mit dem Christuskinde stehend dargestellt, von der Glorie umgeben. Die Umschrift heisst:

Des · Stiftes · Barsinghavsen · grose · Insiegel.

Das kleinere Siegel des Propstes hat die Form der Mandorla, in derselben das Brustbild Mariä mit dem Christkinde, darunter einen knieenden Geistlichen und die gothische Majuskelumschrift:

Fig. 47.
Barsinghausen; Taufstein.

† S' · prepositi · in · Berzinghvsen.

Ein alter, viereckiger Stein (Fig. 46—47) befindet sich jetzt im Garten des Ortsvorstehers, ein achteckiger Taufstein mit der Jahreszahl 1588 auf dem Platze vor dem Kloster. Taufsteine.

Benthe.

Kapelle.

Litteratur: H. Sudendorf, Urkundenbuch zur Geschichte der Herzöge von Braunschweig und Lüneburg und ihrer Lande I, Urk. 184 und 185; VI, Urk. 109; VIII, Urk. 253 Anm. und X, Urk. 12, Anm. 2; W. von Hodenberg, Calenberger Urkundenbuch IX, Urk. 90; C. L. Grotefend und G. F. Fiedeler, Urkundenbuch der Stadt Hannover, Urk. 406; Mithoff, Kunstdenkmale und Alterthümer im Hannoverschen I, 12; W. Stedler, Beiträge zur Geschichte des Fürstenthums Calenberg 1. Heft, 28 und 44.

Quellen: Verzeichniss der kirchlichen Kunstdenkmäler von 1896; Kgl. Staatsarchiv zu Hannover, Kloster Wennigsen, Urk. 323, 377, 387, 403, 476 und 477 und Kloster Marienwerder, Urk. 183.

Geschichte. Die älteste Nachricht von dem Dorf Benthe fällt etwa in das Jahr 1300. Nach Stedler kommt der Ort zuerst 1355 und zwar als Bennete vor. Jedoch ist in einem Verzeichniss über die Leistungen der Höfe des Domkapitels und des Bischofs zu Minden an dieselben, vom Ende des XIII. oder Anfang des XIV. Jahrhunderts, bereits von der curia bennite die Rede, und im Lehnsregister des Bischofs Gottfried von Minden, zwischen 1304 und 1324, findet sich neben benethe die Schreibweise bennete. Nach dem ums Jahr 1330 geschriebenen Verzeichniss gehörte zu den 88 Ortschaften, welche Antheil am Deisterwalde hatten, auch bennete. Die heutige Namensform begegnet bereits in einer Urkunde vom Jahre 1339, und später in Urkunden vom Jahre 1427 und 1582. Daneben erscheint Bente in Urkunden vom Jahre 1377, 1390, 1461 und 1582. Die villa Bennete wird 1361 erwähnt. Im Jahre 1375 überlässt Bodo von der Hanse dem Kloster Marienwerder den von Dethard bewohnten Hof zu bennete. de amecht hof to bennete war zwischen 1376 und 1379 dem Stift Wunstorf zinspflichtig. 1377 verpflichtet sich Graf Ludolf von Wunstorf, neben anderem dem Bischof und dem Stifte Hildesheim sin ammecht to Bente auf ewig zu überlassen. Im Lehnsregister des Bischofs Otto von Minden zwischen 1385 und 1397 ist der Ort als Bennethe aufgeführt.

Beschreibung. Er enthält eine einfache, rechteckige Fachwerkkapelle, aussen 7,0 m breit, 11,9 m lang, welche ohne Kunstformen im XVIII. Jahrhundert errichtet, jetzt vollständig mit Steinplatten behängt ist. Ueber dem Eingangsgiebel steht ein kleiner Dachreiter. Altar. An der hölzernen Altarwand ist auf der Rückseite als Jahr der Anfertigung 1688 angegeben.

Bornum.

Kapelle.

Litteratur: H. Sudendorf, Urkundenbuch zur Geschichte der Herzöge von Braunschweig und Lüneburg und ihrer Lande I, Urk. 184 und VI, Urk. 109; C. L. Grotefend und G. F. Fiedeler, Urkundenbuch der Stadt Hannover, Urk. 86; H. A. Lüntzel, die ältere Diöcese Hildesheim, 34.

Quellen: Verzeichniss der kirchlichen Kunstdenkmäler von 1896.

Von Bornum ist bereits die Rede im Lehnsregister des Bisthums Minden, zwischen 1304 und 1320. Dort, sowie auch im Lehnsregister des Bischofs Otto von Minden, zwischen 1385 und 1397, lautet die Namensform bornem. Daneben jedoch begegnet in letzterem auch schon die heutige Schreibweise bornum. Geschichte.

Der Ort, welcher mit Linden zum Archidiakonat Pattensen gehörte, enthält eine kleine, rechteckige Kapelle von Fachwerk auf hohem Steinsockel, ohne Kunstwerth. In derselben befindet sich eine nicht mehr im Gebrauch befindliche Glocke von 35 cm Durchmesser, welche am Halse zwischen zwei Schnüren eine einzeilige Minuskelinschrift trägt, mit dem Jahr der Anfertigung 1452 und dem Spruch: Beschreibung. Glocke.

O rex gloriae veni cum pace.

Davenstedt.

Kapelle.

Litteratur: H. Sudendorf, Urkundenbuch zur Geschichte der Herzöge von Braunschweig und Lüneburg und ihrer Lande VI, Urk. 109 und X, Urk. 12, Anm. 2; C. L. Grotefend und G. F. Fiedeler, Urkundenbuch der Stadt Hannover, Urk. 458; H. A. Lüntzel, die ältere Diöcese Hildesheim, 355; Mithoff, Kunstdenkmale und Alterthümer im Hannoverschen I, 24; Zeitschrift des historischen Vereins für Niedersachsen 1862, 200.

Quellen: Verzeichniss der kirchlichen Kunstdenkmäler von 1896; Kirchen und Kapellen im Königreich Hannover, Fürstenthum Calenberg, in der Bibliothek des historischen Vereins für Niedersachsen No. 177, II.

Davenstedt begegnet zuerst in der Stiftungsurkunde des Klosters St. Michaelis zu Hildesheim, welche Bischof Bernward im Jahre 1022 ausfertigen liess, als Dauenstide. Im XIV. Jahrhundert lautet die Namensform dauenstede, so in einer Urkunde vom Jahre 1369 und im Lehnsregister des Bischofs Otto von Minden, zwischen 1385 und 1397. Im Jahre 1377 verpflichtet sich Graf Ludolf von Wunstorf, dem Bischofe und dem Stifte Hildesheim mit Geschichte.

Bewilligung des Kaisers neben anderem das Dorf Dauenstede auf ewig zu überlassen.

Beschreibung. Die ohne Kunstform 1790 erbaute Fachwerkskapelle ist rechteckig, mit einem Satteldach und vorgekragtem Glockenthürmchen am Eingangsgiebel überdeckt, und enthält mehrere Fenster und eine Thüre, deren obere Riegel flachbogig ausgeschnitten sind. Ueber der Thüre die Jahreszahl 1790.

Altarleuchter. Zwei Altarleuchter von Zinn in den Formen der Fig. 2 tragen die Namen der Stifter und die Jahreszahl 1793.

Glocke. Die Glocke von 43 cm Durchmesser trägt die Lapidarinschrift:

M · Johan · Meier 1635.

Sie ist im Uebrigen glatt.

Eckerde.

Herrenhäuser.

Litteratur: H. Sudendorf, Urkundenbuch zur Geschichte der Herzöge von Braunschweig und Lüneburg und ihrer Lande VI, Urk. 109 und VIII, Urk. 253 Anm.; C. L. Grotefend und G. F. Fiedeler, Urkundenbuch der Stadt Hannover, Urk. 9 und 483; W. von Hodenberg, Calenberger Urkundenbuch I, Urk. 18 und VII, Urk. 17; Mithoff, Kunstdenkmale und Alterthümer im Hannoverschen I, 25; W. Stedler, Beiträge zur Geschichte des Fürstenthums Calenberg, 1. Heft, 28 und 35.

Quellen: Kgl. Staatsarchiv zu Hannover, Kloster Barsinghausen, Urk. 519, und Kloster Wennigsen, Urk. 279.

Geschichte. In einer zwischen 1225 und 1235 ausgestellten Urkunde erscheinen unter den Zeugen Jordan. et Heinricus de ekkere, und in einer anderen vom Jahre 1241 Dominus Jordanis Dominus heinricus dominus Conradus de eckere, Ministerialen der Kirche zu Wunstorf. Der Ort gehörte nach dem ums Jahr 1330 geschriebenen Verzeichniss als Eckere zu den 88 Ortschaften, welche Antheil am Deisterwalde hatten. 1369 wird Krodels Tochter, die zu ekkere wohnhaft war, genannt. Nach dem Lehnsregister des Bischofs Otto von Minden, zwischen 1385 und 1397, besass Johan van herbergen den tegeden ouer achtein morgen to eckere. 1573 lautet die Namensform Ecker. Es war ehedem Besitzthum des zu Beginn des XVI. Jahrhunderts ausgestorbenen Geschlechtes der von Goltern, welche einen Festungsthurm im Wappen führten.

Beschreibung. v. Heimburg. Das von einem vollständig erhaltenen Graben umgebene, im Jahre 1890 umgebaute Herrenhaus der Familie von Heimburg besteht aus massivem Unter- und Obergeschoss. An der Rückseite liegt ein Flügelanbau mit Treppenthurm, in welchem sich eine massive Wendeltreppe befindet. Ueber dem Renaissanceportale des Thurmes sind zwei Wappen angebracht, links vom Beschauer dasjenige der von Heimburg; in der Bekrönung steht die Jahreszahl 1580.

v. Holle. Das Herrenhaus der Familie von Holle ist neueren Ursprungs; ein altes, gut ausgeführtes Wappen der von Holle befindet sich jetzt in der Aussenwand. Der Hausgraben ist noch fast vollständig erhalten.

Everloh.

Kapelle.

Litteratur: H. Sudendorf, Urkundenbuch zur Geschichte der Herzöge von Braunschweig und Lüneburg und ihrer Lande I, Urk. 184; VI, Urk. 109; VIII, Urk. 253 Anm. und X, Urk. 12, Anm. 2; W. v. Hodenberg, Calenberger Urkundenbuch I, Urk. 20 und 177; Mithoff, Kunstdenkmale und Alterthümer im Hannoverschen I, 31 und 32; W. Stedler, Beiträge zur Geschichte des Fürstenthums Calenberg, 1. Heft, 28, 43 und 44.

Quellen: Verzeichniss der kirchlichen Kunstdenkmäler von 1896.

Geschichte.

Nach einer Urkunde vom 1. März 1239 schenkt die domina Offenia burgenſis in hanouere der eccleſia beate virginis in berteinghusen eine curia in euerlo ſita. Als Euerlo begegnet der Ort ferner im Lehnsregister des Bischofs Gottfried von Minden, zwischen 1304 und 1324, und in dem ums

Fig. 48. Kapelle in Everloh; Altar.

Jahr 1330 geschriebenen Verzeichniss der 88 Ortschaften, welche Antheil am Deisterwalde haben. Im Jahre 1332 schenkt Graf Johann von Roden und Wunstorf dem Kloster bercingehuſen die Vogtei über eine „in Campis ville

Bronherdessen" gelegenen und zum „officium nostrum in Euerlo" gehörenden Hufe Landes. 1377 verpflichtet sich Graf Ludolf von Wunstorf, dem Bischofe und dem Stifte Hildesheim mit Bewilligung des Kaisers neben anderem dat ammecht to Euerlo auf ewig zu überlassen. Neben Euerlo kommt im Lehnsregister des Bischofs Otto von Minden, zwischen 1385 und 1397, auch Euerloy vor.

Hier stand eine Kapelle von Fachwerk mit Dachreiter und der Inschrift über der Flachbogenthüre:

M. Wichmannvs Schvlrabivs Svperintendeñ
Henni Sander — Harmen Knos(el)?
Altaristen — Anno
Domini — 1599

Ein Kirchenstuhl war bezeichnet mit:

C · H · V · L · (Lüpke) Aõ 1709.

Diese Kapelle ist 1877 abgebrochen und durch einen Neubau in Backsteinen
Beschreibung. von Hase ersetzt worden. In derselben ist der von Mithoff ausführlich
Altar. beschriebene schöne Altar noch vorhanden. Es ist ein Schnitzaltar mit zwei niedrigen, schmalen Seitenstücken und einem höheren und breiteren Mittelstück nach Fig. 48. Der Aufsatz mit dem Gekreuzigten, Maria und Johannes in einem von zwei Fialen begleiteten Spitzbogen und die beiden Fialen auf den Ecken der Seitentheile sind in neuerer Zeit hinzugefügt. Die Altarwand besteht aus Eichenholz, die Figuren sind aus Lindenholz gearbeitet, bemalt und vergoldet. In dem nischenartig vertieften Mittelstück, welches oben baldachinartig abgeschlossen und mit reichem, späten Maasswerk verziert ist, befindet sich eine aus stehenden und sitzenden Männern, Frauen und Kindern bestehende Gruppe an einem Tische. Vorne sieht man Elisabeth mit dem Kinde (Johan · Baptis) und Zacharias, auf der anderen Seite eine Frau mit einem Kinde (Joha: Evae), dahinter ein Kind mit einem Buche, von einem Manne gehalten. Vor dem Tische sind drei spielende Kinder dargestellt. Die beiden Seitenfelder enthalten die Figuren des heiligen Augustinus und der heiligen Barbara, auf dem Hintergrunde beide als solche bezeichnet. Oben stehen die Worte:

15 Margareta von Haselhorst 95.

Margareta von Haselhorst kommt 1590 als domina des Klosters Wennigsen vor und wird den Altar der Kapelle gestiftet haben; das Werk selbst ist jedenfalls älter. Mithoff erwähnt als zugehörig zu dem Altar noch zwei bemalte Flügel, welche an der Chorwand hingen mit den Darstellungen der Anbetung der Weisen und der Taufe Christi versehen waren. Dieselben sind seit 1877 hier nicht mehr vorhanden.

Glocke. Im Dachreiter eine Glocke von 47 cm Durchmesser mit mehreren Inschriften, im November 1670 von M. Ludolf Siegfriedt gegossen.

Gehrden.

Kirche.

Litteratur: Zeitschrift des historischen Vereins für Niedersachsen 1862, 145—176, 194—197, und als Anhang 197—212 die das Kirchspiel Gehrden betreffenden Urkunden, siehe besonders Urk. 1 und 6; H. Sudendorf, Urkundenbuch zur Geschichte der Herzöge von Braunschweig und Lüneburg und ihrer Lande VIII, Urk. 253 und Anm.; W. von Hodenberg, Calenberger Urkundenbuch I, Urk. 77 und 132; C. L. Grotefend und G. F. Fiedeler, Urkundenbuch der Stadt Hannover, Urk. 162; Chr. U. Grupen, Origines et Antiquitates Hanoverenses, 115; G. G. Leibniz, Scriptores rerum Brunsvicensium III, 202 und 412; Rehtmeier, Braunschweig-Lüneburgische Chronika II, 747; G. S. Treuer, Gründliche Geschlechtshistorie des Hochadlichen Hauses der Herren von Münchhausen, Anhang, 24; Mithoff, Kunstdenkmale und Alterthümer im Hannoverschen I, 34 und 35; W. Stedler, Beiträge zur Geschichte des Fürstenthums Calenberg, 1. Heft, 21, 28 und 44; W. Lotz, Kunsttopographie Deutschlands I, 230; W. Lübke, die mittelalterliche Kunst in Westfalen, Leipzig 1853, 215; H. Otte, Handbuch der kirchlichen Kunstarchäologie des Deutschen Mittelalters, 5. Auflage, II, 196; Zur älteren Geschichte des Kirchspiels Gehrden, drei Vorträge gehalten von Justus W. Lyra, past. prim.

Quellen: Beschreibung der Kirche zu Gehrden von L. Evers, past. prim. 1861, in Gehrden; Beschreibung der Parochial-Kirche zu Gehrden sowie ihrer Kunstschätze, Alterthümer und historischen Denkwürdigkeiten, angefertigt im Jahre 1861 von dem Pastor sec. Kuntze in Gehrden; Verzeichniss der kirchlichen Kunstdenkmäler von 1896; Gehrdener Pfarr-Repertorium vom Pastor Fraatz, 1822 begonnen; Kgl. Staatsarchiv zu Hannover, geographische und historische Beschreibung der Chur-Braunschweigischen Fürstenthümer Calenberg, Göttingen und Grubenhagen, begonnen 1709, 73, Ms. O 13; Kloster Mariensee, Urk. 38 und Hann. Des. 113 K II A 12b No. Ge. 1; Kirchen und Kapellen im Königreich Hannover, Fürstenthum Calenberg, in der Bibliothek des historischen Vereins für Niedersachsen No. 177, II.

Abbildungen: In der Zeitschrift des historischen Vereins für Niedersachsen 1862 nach Seite 194 eine Abbildung des Kirchthurms und des Thurmportals; das Bogenfeld des letzteren ist bei Mithoff I, Tafel IV, gegeben.

Gehrden wird urkundlich zuerst 1233 genannt. In diesem Jahre begegnet ein Burchardus de Gerdene als Zeuge. 1298 erklärt Graf Adolf VI. von Schauenburg den Flecken (oppidum nostrum) Gerdene und seine im Orte wohnen bleibenden Eigenbehörige für frei. 1300 begegnet aleydis dicta de cherdene, Eigenbehörige des Klosters Rinteln. 1329 schenkt Graf Adolf von Schauenburg dem Rath zu Hannover 3 Hufen Landes in campis ville Gherdene. In derselben Namensform wird der Ort in dem ums Jahr 1330 geschriebenen Verzeichniss der 88 Ortschaften, welche Antheil am Deisterwalde haben, aufgeführt. Vermuthlich kam er durch Otto den Jüngeren, gestorben 19. August 1352, in den Besitz der Herzöge von Braunschweig und Lüneburg. In der Fehde zwischen den Herzögen Friedrich und Wilhelm von Braunschweig und Lüneburg und den Hansestädten wurde er im Jahre 1467 (1466) zerstört. (De stede wunnen do Gerden, dat wart do alle vorstort.) 1485 wurde Gehrden durch Raub und Brand bedeutend beschädigt. Im XVI., XVII. und XVIII. Jahrhundert hatte es wiederholt durch Feuersbrunst zu leiden. Geschichte.

Die Kirche soll einer Sage gemäss eine Jungfrau gestiftet haben, deren Bild daran in Stein gehauen wurde. An der inneren Chorwand stand früher die Inschrift:

> Ecclefia in Gerda aedificata eſt anno millefimo nonagefimo octavo a Volquino Epifcopo Mindenfi.

Sie wurde später übertüncht, besteht aber noch an anderer Stelle auf einer hölzernen Tafel. Diese Nachricht hat für uns keinen Werth, da ein Mindener Bischof Volquin in jener Zeit nicht vorkommt. 1323 tritt ein Pleban Jordanus als Zeuge auf. 1333 war Rodolfus plebanus in gerdene. Im Jahre 1412 stiften die Knappen Dietrich, Boldewin und Justatius von Süersen zusammen

Fig. 49. Kirche in Gehrden.

mit Konrad Molendinarius in der Gehrdener Pfarrkirche einen neuen Altar und zwar in honore sanctae et individuae Trinitatis, sanctae et intemeratae virginis Mariae, ac patronorum dictae ecclesiae et praesertim in honore sanctae Annae, sanctorum Viti et Levini martyrum. Zum Vikar des neuen Altars wird der schon genannte Priester Konrad Molendinarius bestellt. Damals war Borchardus Rektor der Kirche.

1653 soll Meister Blome, Bildschnitzer in Hannover, den grossen Crucifixus aus Holz, welcher früher über dem Altar hing, gefertigt haben. Der Orgelmacher Willenbrod in Hannover verfertigte 1703 die Orgel, welche 1852 durch eine andere ersetzt wurde. 1721 wurde der Altar -- abgesehen von der Altarwand — gebaut, 1787 wurden die schmalen spitzbogig geschlossenen Fenster der Langseiten mit einer Ausnahme durch die jetzt vorhandenen grösseren Flachbogenfenster ersetzt. 1821 erlitt die Kirche im Inneren manche Aenderungen: die Kanzel, welche an der Südseite des Chores gestanden hatte, wurde in die neu angefertigte, hölzerne Altarwand verlegt. Das Satteldach des Thurms erhielt in den dreissiger Jahren einen neuen Dachreiter in der Mitte des Firstes, während der frühere auf der westlichen Kante gestanden haben soll. In einem diesbezüglichen Aktenstück wird das Kirchengebäude als ein uraltes, mit bewunderungswürdiger Festigkeit gebautes und eine lange Dauer versprechendes bezeichnet.

Die Kirche gehörte zum Archidiakonate Pattensen.

Beschreibung.

Das Bauwerk (Fig. 49) besteht aus einem rechteckigen Schiff ohne besonderen Chor, einer im Norden angebauten, jetzt als Sakristei benutzten Kapelle und einem Westthurm.

Schiff.

Das aus Bruchsteinen errichtete, gothische Schiff ist mit vier rechteckigen Kreuzgewölben überdeckt. Das östliche Gewölbe hat Birnstabrippen und sitzt im Osten auf zwei runden Diensten; die übrigen drei Gewölbe haben Hohlkehlrippen. Die Gurtbögen sind Spitzbögen, die beiden östlichen mit rechteckigem Querschnitt an den Ecken abgefast, der dritte als Hohlkehle ausgebildet. Die Gewölbe ruhen auf Konsolen oder Wandpfeilern, welche theilweise zerstört sind. Die Fenster des Schiffes aus dem Jahre 1787 sind flachbogig geschlossen; an der Nordseite ist ein kleines spitzbogiges Fenster ohne Maasswerk, heute als Fenster nicht mehr benutzt, noch vorhanden, in der Ostseite befindet sich ein breites Fenster mit Spitzbogen, welches jetzt den Aufgang zu einem Kirchenstuhle enthält. An der Südseite ist eine spitzbogige Thüre mit profilierten Gewänden in Backsteinen erhalten. Das Schiff ist im Osten mit einem Steingiebel geschlossen, hat niedrige Strebepfeiler mit Pultdächern, gefasten Sockel und im Inneren hölzerne Emporen auf der Nord-, Süd- und Westseite.

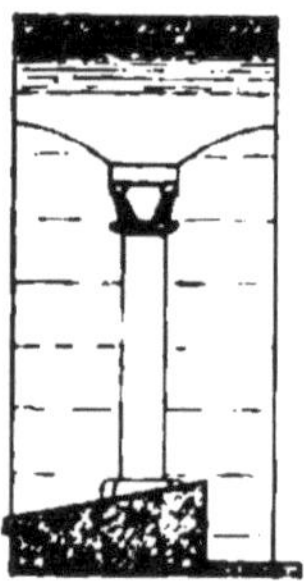

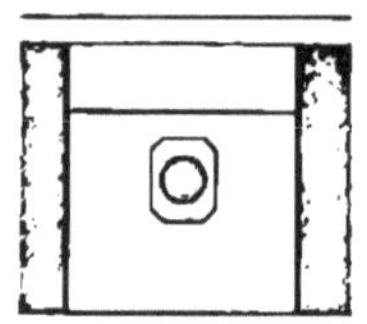

Fig. 50—52. Kirche in Gehrden; Schallöffnungen. 1:50.

Thurm.

Der werthvollste Theil der Kirche ist der starke Westthurm, welcher der ersten Hälfte des XIII. Jahrhunderts angehören dürfte und die Formen des Uebergangsstiles zeigt. Er ist mit dem Schiff durch einen grossen, schweren

Spitzbogen verbunden, dessen Kämpfergesims aus Hohlkehle, Wulst und Plättchen besteht. Sein Erdgeschoss ist zum Kirchenraum gezogen und mit einem rippenlosen Kreuzgewölbe überdeckt. In der nördlichen Thurmmauer führt ein schräg ansteigender, nicht ganz 80 cm breiter, überwölbter Gang mit massiver Treppe auf das Thurmgewölbe; von hier ab vermitteln Holztreppen mit aufgedollten, dreieckigen Blockstufen den Verkehr zum Glockengeschoss. Der Thurm hat

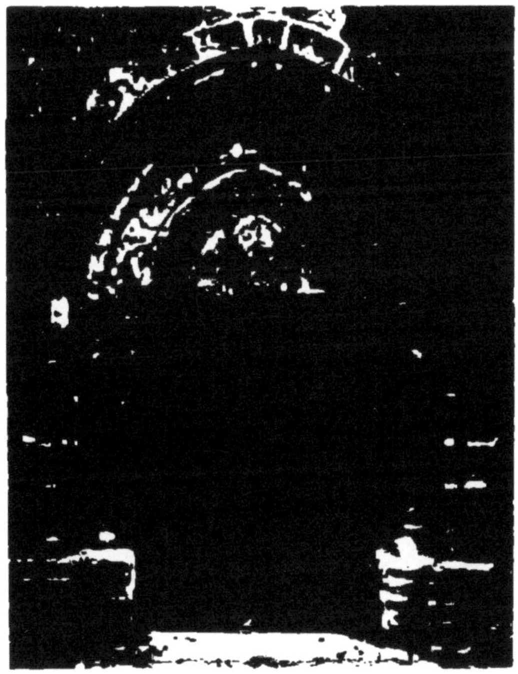

Fig. 53. Kirche in Gehrden; Portal.

aussen einen reich profilierten Sockel, in den beiden unteren Geschossen Lisenen mit Spitzbogenfriesen, dann glattes Mauerwerk, das im Osten und Westen durch spätere Treppengiebel abgeschlossen ist, zwischen welche sich ein Satteldach mit Dachreiter legt. Im Glockengeschoss sind auf der West- und Ostseite noch je zwei gekuppelte Schallöffnungen und Säulchen erhalten, bei denen auch

Fig. 54. Kirche in Gehrden; Glockeninschrift. 1:1

noch das Würfelkapitäl vorkommt. Eine der westlichen Oeffnungen ist in Fig. 50 bis 52 wiedergegeben. Im Uebrigen hat der Thurm kleine Schlitzfenster. Das interessante Portal der Westseite (Fig. 53) ist spitzbogig, enthält zwei romanische Säulen mit Eckblättern und ein mit romanischem Blattwerk umgebenes Bogenfeld, in welchem Christus sitzend dargestellt ist, die Rechte segnend erhoben, in der Linken ein Buch haltend. Auf jeder Seite der Figur befindet sich eine Rosette und an dem Sessel das α und ω.

Die Sakristei, früher eine Kapelle, ist mit einem rechteckigen Kreuzgewölbe überdeckt, dessen Hohlkehlrippen auf Konsolen sitzen. Sakristei.

Die hölzerne, nüchterne Altarwand des Jahres 1821 enthält in der Mitte die ältere Kanzel; über dem Altar ist das oben erwähnte grosse Crucifix angebracht. Altar. Kanzel.

Ein Ciborium von Silber aus dem Jahre 1708. Ciborium.

Eine prächtige Glocke mit einem Durchmesser von 122 cm stammt aus dem Jahre 1355. Sie trägt am Halse zwei einzeilige Inschriften, die erste zwischen zwei Schnüren, die zweite darunter. Beide sind in schönen gothischen Majuskeln, welche jedoch in der Form verschieden sind, wiedergegeben und müssen von rechts nach links gelesen werden. Die obere Inschrift lautet: Glocken.

† am · g'riv · etb · otseforp · ī . anapāc · h̄ · ē · asvf · v̄l · °ccc °m · in̄d · onna · (aufgelöst: Anno domini m° ccc° lv° fusa est haec campana in profesto beatae virginis Mariae.)

Die zweite Inschrift hat den Wortlaut:

† r'oedvi · xer · a'zan · ehi · l'ab · l'em · p'sai · g'r ·
(aufgelöst: reges Jasper Melchior, Baltasar · Jhesus Nazarenus rex Iudeorum.)

Es sind also ausser Jesus, dem Könige der Juden, noch die heiligen drei Könige genannt.

Unter der zweiten Inschrift befinden sich an einzelnen Stellen kleine, erhabene Rundstücke; ein Theil der Inschriften ist in Fig. 54 wiedergegeben.

Die zweite Glocke hat einen Durchmesser von 127 cm. Sie wurde von Johann Poeck von Petershagen auf Anordnung des Rathes und der Altarleute zu Gehrden im Jahre 1586 gegossen und enthält zwei Inschriften in gothischen Minuskeln. In der oberen Zeile:

M · Johan · poeck · vom · petershagen · hat · mi · gegaten · vth · dem · vuer · bin · ich · geflaten · older · lvde · unde · rat · to · gerden · † d † h † is godt mit uns · v · k.

Die darunter befindliche Reihe enthält die Jahreszahl 1586 und die Namen des Gehrdener Kirchenpatrons Erich von Süersen und des Predigers Jürgen Wulweskop.

Die dritte Glocke — Durchmesser 70 cm — wurde laut Inschrift im Jahre 1712 von Thomas Rideweg in Hannover gegossen.

Grabsteine. Auf dem Kirchhofe stehen mehrere Grabsteine, zum Theil mit bildlichen Darstellungen, ein Stein von 1620, zwei fernere aus dem XVII. Jahrhundert, ein Stein von 1786. Mithoff erwähnt mehrere alte durch Abtreten sehr beschädigte Grabsteine, darunter eine Grabplatte im Mittelgang der Kirche mit dem kaum noch zu erkennenden Wappen der v. Süersen und einer Inschrift in gothischen Minuskeln, welche anfängt:

Anno · dni · M · CCCCCXXXII Jost van Sv(ersen) . . .

Kanne. Eine silberne Kanne stammt aus dem Jahre 1721.

Kelche. Ein silberner Kelch mit Patene, vergoldet, hat eine glatte Kuppa in gothischer Form, einen runden Fuss mit der Umschrift in Majuskeln:

† vnc · Kalisem · dedit · Conradvs · Halle · minor.

Am einfach verzierten Nodus fehlen die Zapfen.

Zwei Kelche mit Sechsblattfüssen tragen die Jahreszahlen 1669 und 1694, ein vierter Kelch stammt aus dem Jahre 1822 und zeigt das Rohdesche Wappen.

Taufstein. Der von Mithoff erwähnte Taufstein des Jahres 1661, mit Engelsköpfen verziert und ausser Gebrauch gesetzt, befindet sich jetzt auf dem Friedhof des Gutes Franzburg.

Gross-Goltern.

Kirche, Herrenhaus.

Litteratur: Origines Guelficae III, 478 und 548; H. Sudendorf, Urkundenbuch zur Geschichte der Herzöge von Braunschweig und Lüneburg und ihrer Lande I, Urk. 184 und 185; VI, Urk. 109; VIII, Urk. 233 Anm. und X, Urk. 12, Anm. 2; W. von Hodenberg, Calenberger Urkundenbuch I, Urk. 16; IX, Urk. 21 und 192; Chr. U. Grupen, Origines et Antiquitates Hanoverenses, 62, woselbst das Wappen derer von Goltern abgebildet ist, und 137; Mithoff, Kunstdenkmale und Alterthümer im Hannoverschen I, 38; Brasen, Geschichte des Stifts Wunstorf, 276; W. Stedler, Beiträge zur Geschichte des Fürstenthums Calenberg, 1. Heft, 3, 28 und 35.

Quellen: Verzeichniss der kirchlichen Kunstdenkmäler von 1896; Kgl. Staatsarchiv zu Hannover, Kloster Wennigsen, Urk. 292, Stift Wunstorf, Urk. 186; Calenb. Brief. Archiv. Des. 7 Kloster Registratur Wennigsen, No. 8; Hann. Des. 83. Consist. Hann. Kirchenrechnungen von Goltern und Hann. Des. 113 K II A 12 b No. Go. 2; Kirchen und Kapellen im Königreich Hannover, Fürstenthum Calenberg, in der Bibliothek des historischen Vereins für Niedersachsen No. 177, II.

Gross-Goltern hiess ehedem nur Goltern. Ein Goldern erscheint nach den Origines Guelficae bereits 1158. Ob es mit unserem Goltern identisch ist, lässt sich nicht mit voller Gewissheit entscheiden. Eine Kirche muss schon sehr früh bestanden haben. Denn 1181 und später 1229 hören wir von dem facerdos de Golturne; 1276 tritt Henricuf Rector Ecclefie in Golturne als Zeuge auf, und 1282 ist Heinrich von Landsberg, Canonicus in Wunstorf, zugleich plebanus in Golturne. 1376 begegnet her lodewich kerkhere to golterne als Zeuge. In einem Verzeichniss über die Leistungen der Höfe des Domkapitels und des Bischofs zu Minden an dieselben, vom Ende des XIII. oder Anfang des XIV. Jahrhunderts, ist von der curia goltere die Rede. Im Lehnsregister des Bischofs Gottfried von Minden, zwischen 1304 und 1324, ist es als golteren aufgeführt. Als Goltorne gehörte es mit Nortgoltorne nach dem ums Jahr 1330 geschriebenen Verzeichniss zu den 88 Ortschaften, welche Antheil am Deisterwalde hatten. 1377 verpflichtet sich Graf Ludolf von Wunstorf, dem Bischofe und dem Stifte Hildesheim mit Bewilligung des Kaisers neben anderem dat ammecht to Golteren auf ewig zu überlassen. 1385 leisten Curt von Arnum, Bürger zu Hannover, und Eyleke seine Gattin Verzicht auf eine Kothe zu Stempne und eine halbe Hufe auf der Feldmark daselbst und bitten die Aebtissin Jutta zu Wunstorf, das Gut zu leenen vnde eghonen den olderlůden vnde deme kerfpelde to Golterne to deme luchte vnde to deme buwe des Goddefhufes dar fulues. Geschichte.

Als groten golteren (gholtorne) kommt unser Ort zuerst im Lehnsregister des Bischofs Otto von Minden, zwischen 1385 und 1397, vor. Doch begegnet noch im Jahre 1551 (in des closters wenningffen hůfs regifter) und 1600 (im Regifter wafz domina vnnd Jungfern zu Wennigfenn Innerhalb Clofters auszerhalb der Probftey Jerlichs an Korn vnnd anderm einzunehmen) die Schreibweise Golternn (Golterenn).

Das Kirchengebäude wurde in den Jahren 1750 bis 1753 neugebaut. In der Nacht des 8. September 1816 traf ein Blitz die von Martin von Heimburg 1655 der Kirche geschenkte Orgel und machte dieselbe unbrauchbar. 1820 wurde die Ausbesserung und Versetzung derselben beschlossen.

Grosz-Goltern, welches früher Besitzthum des zu Beginn des XVI. Jahrhunderts ausgestorbenen Geschlechtes derer von Goltern war, gehörte zum Archidiakonat Wunstorf.

Die Kirche ist einschiffig und mit Westthurm versehen. Das im Beschreibung.
Jahre 1750 ausgeführte Schiff bildet eine geräumige, rechteckige Saalkirche Schiff.
mit abgeschrägten Ecken im Osten. Es ist aus Bruchsteinen mit Eckquadern erbaut, hat einen Sandsteinsockel und hölzernes Hauptgesims. Jede

Schrägseite hat ein und jede Langseite fünf flachbogig geschlossene Fenster mit glatten Sandsteingewänden. Ausserdem enthält jede Langseite unter den Fenstern zwei Eingänge, deren Sturze in der Linienführung des Régence aus Geraden und Bogenstücken zusammengesetzt sind. Die Thüren selbst tragen die Inschriften „año“ und „1751“. Einfache hölzerne Emporen sind auf der West-, Nord- und Südseite vorhanden; die flache, geputzte Decke leitet mit Hohlkehle zur Wand über. In der Ostwand hat eine Thüre, darüber eine lange Inschrift mit der Jahreszahl 1750, oben ein länglich rundes Fenster Platz gefunden.

Thurm. Der quadratische, starke Thurm von fast 9 m Seitenlänge gehört der gothischen Zeit an. Er hat einen aus Fasen, Platte und Hohlkehle gebildeten Sockel, drei durch Hohlkehlgesimse getrennte Geschosse, ein Hohlkehlenhauptgesims, auf der Aussenseite Quadermauerwerk, einen achtseitigen Helm und ist mit dem Schiff durch einen schweren Spitzbogen verbunden. Der Raum zu ebener Erde ist mit einem gothischen Kreuzgewölbe überdeckt, dessen Schildbögen mit rechteckigem Querschnitt gezeichnet sind, während die Rippen den Fasen haben. Innerhalb der nördlichen Thurmmauer liegt, durch eine Thüre von diesem Raume zugänglich, eine zum ersten Obergeschoss führende, 60 cm breite, massive Treppe. Die unteren beiden Geschosse haben kleine, spitzbogige Oeffnungen, das Glockengeschoss, dessen Oeffnungen in der ursprünglichen Form nicht mehr erhalten sind, hatte wahrscheinlich gekuppelte Schallöffnungen.

Altar. Kanzel. Die aus Holz hergestellte, in Rokokoformen gehaltene Altarwand enthält zwei seitliche Durchgänge und über dem Altar die Kanzel. Rechts und links stehen zwei Engel, von denen der eine einen Kelch, der andere ein Herz in der Hand hält. In der Mitte befindet sich ein Bild, das heilige Abendmahl darstellend, ganz oben das Auge Gottes.

Glocken. Eine Glocke von 76 cm Durchmesser enthält am Halse zwischen zwei Ornamentstreifen die zweizeilige Lapidarinschrift:

Mein Klang rufft dich zum Kirchenghang.
Hör Gottes Wort mit Lobgesang.

Darunter befindet sich ein Hochbild des Gekreuzigten und am Kranze die Inschrift:

Goss mich · P · A · Becker in Hannover · Anno 1792 ·

Die grosse Glocke hat einen Durchmesser von 117 cm. Sie trägt am Halse die Worte:

Lobet den Hern mit hellen Cimbeln, lobet ihn mit wolklingenden Cimbeln. Ps. 150.

Am Rande lesen wir:

Lvdolff Siegfriedt hat mich in Hannover gegossen anno Christi 1653. Psalm 146. Lobe den Herrn meine Seele ich wil den Herrn loben so lange ich lebe vnd meinem Gott u. s. w.

In der Mitte ist ein grosses Hochbild, ein Brustbild Christi mit der Weltkugel angebracht, darunter:

Imago Iesv Christi.

Die Rückseite enthält die fünfzeilige Inschrift:

Die Juncker vnd ubrige sempt-
liche Eingefarrete des Kirchspills
Goltern haben diese Glocken
zur Ehre Gottes giesen vnd
ververtigen lassen.

Alle Inschriften haben Lapidarbuchstaben; diejenigen am Halse sind schräg gestellt.

Die dritte Glocke mit 98 cm Durchmesser enthält in der Mitte eine achtzeilige Inschrift.

Aussen an der Nordseite des Thurmes steht der Grabstein des Pastors Brauns und seiner Frau, 1660. Er ist von zwei gewundenen Säulen begleitet und enthält eine umfangreiche Inschrift. Im Mittelgang der Kirche sind zwei Grabmäler mit den in Bronze gegossenen Wappen der Familien von Alten und von Holle aus dem XVII. Jahrhundert gut erhalten, während die zugehörigen Steininschriften stark ausgetreten sind. Grabsteine.

Ein grösserer und ein kleinerer Kelch aus Silber, innen vergoldet, sind in gleichen Formen gehalten und tragen in der Inschrift die Jahreszahl 1811. Kelche.

An den Kirchenstühlen finden sich die Wappen der Familien von Heimburg und von Holle, letzteres bezeichnet „Friederich von Hollen" und die Wappen von Alten und von Münchhausen mit der Bezeichnung: Wappen.

Hennig Lvdewig v: Alten — Elisabth v. Mvnchhavsen

Anno 1752.

Zwei weitere Wappen sind in Stein gehauen an der Westseite des Thurmes im Erdgeschoss und im ersten Obergeschoss sichtbar.

Das einfache, von einem Graben umgebene Herrenhaus der Familie von Alten besteht aus einem Mittelbau und zwei Flügeln, ist zweigeschossig, aus Fachwerk errichtet und nur im Erdgeschoss des Mittelbaues massiv. Im Schlussstein des Thorbogens steht die Inschrift: Herrenhaus.

W. v. A. Aõ 1700.

Zu beiden Seiten des Bogens sind zwei Wappen bezeichnet:

Jvrg. v. Alten. — Madela' von Alten.

Von den sieben vorhandenen Grabsteinen sind nur zwei infolge ihrer Aufstellung zu erkennen. Der erste hat stark gelitten, trägt das Wappen von Alten, an den vier Ecken je einen leeren Schild und die Umschrift in gothischen Minuskeln: Grabsteine.

anno · dnī · (M) · CCCC · XCII · feria · secūda · p' · valentini · obiit · lubbert · de · alten · cui' · aīa · requiescat · ī · pace ·

Ein zweiter, gut erhaltener, schön gearbeiteter Stein zeigt in einer Bogennische mit 16 Wappen den Gekreuzigten, darunter einen Ritter mit drei Söhnen und dessen Frau mit drei Töchtern, und unten die Inschriften:

Der Edler vnd Ernuester Jurgen von Alten Ernstes Seliger son ist gestorben anno . . . . Ernst von alten ist gestorben anno . . . . Simon von alten ist gestorben anno . . . . Jurgen Christoff. v. alten ist gestorben anno . . . .

Die Edle vnd vieltugentreiche Magdalena v. Alten Simon Seliger dochter Frawe. v. Alten ist gestorben 1599 d. 31. Avg: Catarina. v. Alten Frawe v. Wetberge ist gestorben anno . . . . Gerdrut Magdalena. v. Alten ist gestorben anno . . . . Dorothea v. Alten ist gestorben anno (?) d. 13. Decemb.

Kamine. Zwei Kamine mit dem Wappen v. Alten im ersten Obergeschoss.

Kreuze. Drei einfache mit Kreuzen bezeichnete Steine an der Strasse befanden sich früher „bei den drei Kreuzen“ im Felde.

Gross-Munzel.

Kirche.

Litteratur: H. Sudendorf, Urkundenbuch zur Geschichte der Herzöge von Braunschweig und Lüneburg und ihrer Lande I, Urk. 184 und 185: X, Urk. 12, Anm. 2; W. von Hodenberg, Calenberger Urkundenbuch (I, Urk. 162), IX, Urk. 217 und 227; G. S. Treuer, Gründliche Geschlechtshistorie des Hochadlichen Hauses der Herren von Münchhausen, Anhang, 24; Mithoff, Kunstdenkmale und Alterthümer im Hannoverschen I, 39.

Quellen: Verzeichniss der kirchlichen Kunstdenkmäler von 1896; Schulchronik in Gross-Munzel; Kgl. Staatsarchiv zu Hannover, Kloster Barsinghausen, Urk. 83 und 188.

Geschichte. Um das Jahr 1300 benachrichtigen Ludolf von Lo und Konrad Holtgreve den Dekan Gyso, den Wedekind von Osen und das übrige Kapitel zu Minden, dass von ihnen in der Kirche zu munflo zwischen Arnold Persik und seinen Brüdern eine Verständigung wegen des Zehnten in Hohenbostel erzielt sei. Zur gleichen Zeit wird in einem Verzeichniss über die Leistungen der Höfe des Domkapitels und des Bischofs zu Minden an dieselben die curia munefle genannt. Im Lehnsregister des Bischofs Gottfried von Minden, zwischen 1304 und 1324, begegnet der Ort als munfle und muneflo; auch ist dort die Rede von zwei Hufen in minori villa muneflo. 1329 ist Hildebrandus plebanus in munello Zeuge. 1377 verpflichtet sich Graf Ludolf von Wunstorf, dem Bischofe und dem Stifte Hildesheim mit Bewilligung des Kaisers neben anderem das Dorf Münfle auf ewig zu überlassen. 1398 lautet die Namensform Munfele und 1410 Munfel.

Beschreibung. Schiff. Die Kirche ist einschiffig und mit einem rechteckigen Westthurm versehen. Das in den Jahren 1801—1804 erbaute Schiff ist als Saalkirche ausgebildet und mit einfachen Emporen an der Nord-, Süd- und Westseite versehen. Die Holzstützen, auf welchen die Letzteren ruhen, sind hochgeführt und tragen die über den Emporen waagerecht hergestellte und zwischen denselben gewölbte, geputzte Holzdecke. Auf den Langseiten befinden sich je sieben flachbogig geschlossene und mit glatten Sandsteingewänden versehene Fenster; unter den mittleren ist je eine rechteckige Eingangsthüre angeordnet. Dieselbe Konstruktion zeigt die Thüre mit darüber liegendem Fenster an der Ostseite. Ueber dem nördlichen Eingang steht die Zahl 1801.

Die Kirche ist aus Bruchsteinen erbaut, hat Sandsteinsockel und hölzernes Hauptgesims. Die Ecken sind durch wenig vorspringende, glatte Sandsteinquadern eingefasst; das Dach ist an der Ostseite halb abgewalmt und mit Pfannen gedeckt.

Der rechteckige, aus Quadern erbaute Thurm stammt in den unteren Theilen aus der gothischen Zeit und ist mit dem Schiff durch eine Thüre verbunden. An der Westseite befindet sich der Eingang. Der reich gegliederte Sockel und das Gurtgesims sind gut erhalten; letzteres zeigt das Profil der von der Wand übergehenden Hohlkehle mit Schräge und Wasserschlag. Der Helm ist achteckig und mit Schiefer gedeckt. Süd-, Nord- und Westseite haben je eine, durch Segmentbogen geschlossene Schallöffnung, die Ostseite zwei kleinere derselben Konstruktion. Thurm.

Zwei Wappen, welche die Reste eines Grabsteines darstellen, befinden sich eingemauert über dem Sockel an der Ostseite. Links vom Beschauer ist das Wappen der Familie Rotermundt.

Der Altar stammt aus der Zeit der Erbauung des Schiffes. Altar.

Zwei Leuchter aus Bronze, ohne Inschrift, zeigen die Formen aus dem Anfange des XVIII. Jahrhunderts. Altarleuchter.

Eine 108 cm im Durchmesser grosse Glocke trägt zwischen zwei Ornamentstreifen eine vierzeilige Lapidarinschrift, darunter auf der einen Seite das Hochbild des Gekreuzigten, auf der anderen eine sechszeilige Inschrift. Am Rande befindet sich der Name des Giessers: P. A. Becker in Hannover 1788. Glocken.

Die kleinere, 90 cm im Durchmesser haltende Glocke hat auf der vorderen Seite am Halse zwischen zwei Ornamentstreifen die zweizeilige Inschrift

Anno 1788 ·
Goss mich · P · A · Becker in Hannover.

Darunter sehen wir das Hochbild des Gekreuzigten und die Inschrift:

Mein Klang ruft dich zum Kirchengang
Hör Gottes Wort mit Lobgesang.

Auf der hinteren Seite ist nur die obere Zeile am Halse beschrieben und zwar mit den Worten:

Sit Soli Summa Deo Gloria.

Sämmtliche Buchstaben sind Lapidare.

Von den vorhandenen Kelchen besitzt nur der aus gothischer Zeit stammende einen Kunstwerth. Derselbe ist aus Silber hergestellt, vergoldet, Kelche.

und hat sechstheiligen Fuss, auf welchem ein erhabener Crucifixus angebracht ist. Der Knauf ist geriffelt, über demselben stehen auf dem sechsseitigen Stiel die gothischen Minuskeln: i h e c v s, unter demselben: m a r i a. Das Schlusszeichen auf der sechsten Seite ist nicht mehr zu erkennen.

Die Cuppa zeigt die Form der gothischen Zeit.

Gümmer.

Kapelle.

Litteratur: H. Sudendorf, Urkundenbuch zur Geschichte der Herzöge von Braunschweig und Lüneburg und ihrer Lande I. Urk. 184; VI, Urk. 109 und 118; X, Urk. 12, Anm. 2; W. v. Hodenberg, Calenberger Urkundenbuch VI, Urk. 34.

Geschichte. Das Dorf Gümmer gehörte nach dem Lehnsregister des Bischofs Otto von Minden, zwischen 1304 und 1324, ehedem den Herren von Hodenberg. Im Jahre 1251 schenkt Hermannus nobilis de „Hodenburch" (nur einmal in dieser Form hier vorkommend) dem Kloster Marienwerder das Obereigenthum dreier Höfe in villa Gummere. 1377 verpflichtet sich Graf Ludolf von Wunstorf, dem Bischofe und dem Stifte Hildesheim mit Bewilligung des Kaisers neben anderem das Dorf Ghummere auf ewig zu überlassen. In der Streitsache zwischen dem Herzog Albrecht von Sachsen und Lüneburg und den von Mandelsloh 1385 klagen diese jenen an, dass er dat dorp to gummere kerken vnde kerchoff geschind vnde gebrand, also mit Feuer verwüstet habe. Neben der letzteren Schreibart begegnen im Lehnsregister des Bischofs Otto von Minden, zwischen 1385 und 1397, noch die Formen gummer und ghumber.

Beschreibung. Die gut erhaltene, massive, spätgothische Kapelle ist aus Bruchsteinen erbaut und auf der Ostseite durch drei Seiten des Achtecks geschlossen. An allen Ecken befinden sich Strebepfeiler aus Backsteinen, ausserdem je zwei an den Langseiten. Unter dem Hauptgesims sind dieselben mit Dachpfannen pultdachförmig abgedeckt. Durch ein Hohlkehlgesims aus Sandstein sind die Pfeiler in der Mitte nochmals gegliedert. Der Sockel, welcher an der Westseite fehlt, und das Hauptgesims sind ebenfalls aus Sandstein hergestellt und mit einer Hohlkehle profiliert.

Das steile, im Westen durch einen halben Walm abgeschlossene Dach trägt hier einen viereckigen Dachreiter. Die Deckung besteht aus Pfannen. Die spitzbogig geschlossene, in den Sandsteingewänden abgefaste Thüre liegt auf der Nordseite, über derselben befindet sich die Jahreszahl 1508.

Die ganze Kapelle ist mit zwei rechteckigen Kreuzgewölben und dem Chorgewölbe in Backsteinen überdeckt; die Rippen, welche aus der Wand heraustreten, zeigen das Birnstabprofil.

Der Chor ist um eine Stufe erhöht; hier sind noch zwei gekuppelte und zwei einfache Fenster, sämmtlich mit einer Hohlkehle profiliert, erhalten,

Die übrigen Fenster sind später verändert und theils flachbogig, theils mit geradem Sturz geschlossen.

Der alte, mit einer Steinplatte abgedeckte Altar ist noch unverändert. Altar.

Eine einfache Empore befindet sich an der Westseite.

Harenberg.

Kapelle.

Litteratur: H. Sudendorf, Urkundenbuch zur Geschichte der Herzöge von Braunschweig und Lüneburg und ihrer Lande VI, Urk. 109; X, Urk. 12, Anm. 2; W. von Hodenberg, Calenberger Urkundenbuch VI, Urk. 6, (7), 91 und 134; Archiv Schinna. Urk. 7; Mithoff, Kunstdenkmale und Alterthümer im Hannoverschen I, 97.

Quellen: Verzeichniss der kirchlichen Alterthümer von 1896; Kgl. Staatsarchiv zu Hannover, Kloster Marienwerder, Urk. 4, 5 und 81.

Harenberg, zum Kirchspiel Seelze gehörig, kommt urkundlich bereits 1220 vor. In diesem Jahre schenkt Graf Burchard von Oldenburg dem Kloster Marienwerder die Vogtei über ein Haus zu horenbereige. Daneben begegnet in einer Urkunde desselben Jahres horenberge. 1303 lautet die Namensform horenberc. 1334 kommt die Schreibart horenberghe vor. 1377 verpflichtet sich Graf Ludolf von Wunstorf, dem Bischofe und dem Stifte Hildesheim mit Bewilligung des Kaisers neben anderem das Dorf horenberghe auf ewig zu überlassen. Neben horenberghe finden sich im Lehnsregister des Bischofs Otto von Minden, zwischen 1385 und 1397, die Formen horenberg und harenberge. Geschichte.

Die von Mithoff erwähnte alte, malerisch gestaltete Kapelle in Fachwerk mit Glockenstuhl auf dem westlichen Ende des Daches, einer durch die Form der Kopfbänder spitzbogig gestalteten Thüre und dreiseitigem Chorschluss wurde 1882 abgebrochen und durch einen massiven Neubau in Backsteinen durch Hase ersetzt.

Von dem alten Gotteshause wurde der der ersten Hälfte des XVI. Jahrhunderts angehörende, geschnitzte Schrein übernommen und mit einem neuen Crucifixus bekrönt. Wir sehen in der Mitte die gekrönte Himmelskönigin auf dem Halbmonde stehend in einer aufgelösten, von Zacken und Flammen gebildeten Mandorla; sie hält auf dem linken Arme das Kind. Zu ihrer Rechten steht die heilige Barbara, links die heilige Katharina. Auf dem rechten Flügel hat Johannes der Täufer, auf dem linken Jacobus major Platz gefunden. Die einzelnen Theile des guten Werkes sind mit Farbe und Gold behandelt, die Aussenseiten der Flügel mit gemalten Heiligenfiguren versehen. Beschreibung. Altar.

Ein silbervergoldeter Kelch aus dem Anfange des XVI. Jahrhunderts hat die gothische Form, den Fuss, auf welchem eine Darstellung des Gekreuzigten eingraviert ist, als Sechsblatt gebildet, am Nodus sechs Zapfen und Maasswerkverzierungen, über demselben am sechseckigen Stiel die gothischen Minuskeln ihesvs und unter demselben maria. Die zugehörige Patene hat ein Weihkreuz. Kelch.

Hohenbostel.

Kirche.

Litteratur: H. Sudendorf, Urkundenbuch zur Geschichte der Herzöge von Braunschweig und Lüneburg und ihrer Lande VI. Urk. 109 und VIII, Urk. 253 Anm.: W. von Hodenberg, Calenberger Urkundenbuch I, Urk. 16, 97—107, und 189; C. L. Grotefend und G. F. Fiedeler, Urkundenbuch der Stadt Hannover, Urk. 88; Mithoff, Kunstdenkmale und Alterthümer im Hannoverschen I, 101 und 102; W. Stedler, Beiträge zur Geschichte des Fürstenthums Calenberg, 1. Heft, 3, 17, 28 und 32; 3. Heft, 59—62, 67—73.

Quellen: Idiotikon der fünf Bördedörfer, verfasst vom Pastor Fromme in Hohenbostel; Verzeichniss der kirchlichen Kunstdenkmäler von 1896; Kgl. Staatsarchiv zu Hannover, Kloster Barsinghausen, Urk. 99; Kloster Marienrode, Urk. 607; Kirchen und Kapellen im Königreich Hannover, Fürstenthum Calenberg, in der Bibliothek des historischen Vereins für Niedersachsen No. 177, II.

Geschichte. Hohenbostel, früher zum Archidiakonat Aplern gehörig, war nach Stedler vermuthlich schon im X., bestimmt aber im XII. Jahrhundert Eigenthum des Klosters Corvey. Die Kirche und die Pfarre waren ums Jahr 1200 im Besitz der Abtei Corvey. Von dem sacerdos de Homborstolde ist in einer Urkunde vom Jahre 1229 die Rede. Im Jahre 1305 verkauft das Kloster Corvey dem Kloster Barsinghausen das Amt (officium) zu Honborstolden. Damals war Johannes plebanus in honborstolden, welcher in Urkunden desselben Jahres wiederholt vorkommt. Neben letzterer Schreibart begegnen im Jahre 1305 noch die Formen Homborstelde und honborstel, und 1307 Honborstele. 1337 war dominus Thidericus plebanus in honborstolde. Nach dem ums Jahr 1330 geschriebenen Verzeichniss gehörte der Ort als Honborstele zu den 88 Ortschaften, welche Antheil am Deisterwalde hatten. Im Lehnsregister des Bischofs Otto von Minden, zwischen 1385 und 1397, ist er als omborstele aufgeführt. 1612 begabt Heinrich Julius, Herzog zu Braunschweig und Lüneburg, Henning von Reden mit dem Buschwerk auf der Hohenheide vor den Dörfern Hohenbostell, Bandtorff und Lottrihausen.

Der Pastor Müller (1638—1683) theilt mit: „Das Kirchengebäude war bei meinem Antritt in gar schlechtem Zustande, von drei Gewölben und dem Chor, so auch gewölbet; es ist aber in ao. 1653, auf Verordnung eines hochfürstl. Consistorii, vom Thurm an bis ans Chor bis auf den Grund heruntergenommen, und die Mauer, so wieder neu aufgebaut, mit tannen Balken und Dielen überlegt worden.“ Im Jahre 1835 war der obere Theil des Thurmes so baufällig, dass das alte Satteldach und das oberste Stockwerk abgetragen wurden, und der Thurm seine jetzige Spitze erhielt. 1877 wurden die Fenster der Südseite im Schiffe nach unten verlängert, die südliche Schiffsthüre vermauert, und die alte Chorthüre wieder geöffnet.

Beschreibung. Die Kirche ist aus gutem Bruchsteinmauerwerk erbaut, besteht aus einem Schiff mit Chor in gleicher Breite, zusammen 25,5 m lang, einem Westthurm und hat einen westlichen Anbau, welcher als Erbbegräbniss der Familie von Reichau, früher Besitzer von Wichtringhausen, diente.

Der Triumphbogen ist halbkreisförmig und besteht aus zwei Theilen: die westliche, nach dem Schiff gelegene Seite ist mit einem gothischen, die östliche mit romanischen, zum Theil mit Laubwerk verzierten Kämpfergesimsen versehen. Hieran schliesst sich der spätgothische Chor, zunächst mit einer rechteckigen, mit Kreuzgewölbe überdeckten Vorlage und einem ebenfalls überwölbten Schluss, welcher aus fünf Seiten eines unregelmässigen Achtecks gebildet und so gestaltet ist, dass die beiden Schrägwände kürzer sind, als die übrigen (Fig. 55). Chor.

Fig. 55. Kirche in Hohenbostel.

Die mit der einfachen Hohlkehle gezeichneten Rippen sitzen auf schlichten Konsolen; der Schlussstein ist mit einem Agnus dei geschmückt. In den Wänden befinden sich kleine, gekuppelte, innen und aussen mit der Hohlkehle — auch an der Sohlbank — profilierte Fenster, deren Pfosten in der äusseren Mauerflucht stehen. Die Spitzbögen sind zu zweien aus einem beide Oeffnungen überdeckenden Stein gearbeitet, sodass eine Wölbung fehlt. Der Chor ist mit einem Hohlkehlsockel versehen und enthält Strebepfeiler mit Pultdächern und Hohlkehlgesimsen an den Stirnseiten. An der Südseite der

Vorlage ist noch ein Eingang mit zwei romanischen Säulen erhalten, welche zierliche Kapitäle und Eckblätter des XII. Jahrhunderts aufweisen. Der südöstliche Strebepfeiler trägt in gothischen Minuskeln die Inschrift:

> Anno dnĩ M° CCCC° LXII · per ma$\bar{\text{r}}$m (Magistrum oder Martinum?) ludolphū.

Schiff. Das Schiff, im Wesentlichen der Mitte des XVII. Jahrhunderts angehörend, enthält noch die gothischen mit Pultdächern abschliessenden Strebepfeiler mit Hohlkehlen-Hauptgesims und -Gurtgesims und einen Sockel, welcher theils als Hohlkehle, theils als Fasen gebildet ist. Es wird durch lange, rechteckige Fenster beleuchtet, deren Gewände durch Hohlkehlen abgekantet sind und mit einer flachen Decke abgeschlossen. Ueber der nördlichen Eingangsthüre stehen die Namen des Pastors H · Hinrich Müller und der Altaristen Otto · Schomburg und Hinrich · Bruns, sowie die Jahreszahl 1653. Pfeilervorsprünge in den westlichen Ecken deuten die früher vorhanden gewesene Ueberwölbung des Schiffes noch an.

Thurm. Der rechteckige Thurm von 7,0 m Breite und 8,6 m Länge ist mit einer vierseitigen Pyramide bedeckt, welche in der Wetterfahne die Zahl 1835 trägt. Er enthält unten einen mit zwei rippenlosen Kreuzgewölben zwischen spitzbogigem Gurtbogen von rechteckigem Querschnitt überdeckten Raum, welcher sich mit zwei romanischen Rundbögen nach dem Kirchenschiff öffnet. Diese Bögen haben am Kämpfer das aus Schräge und Platte bestehende Profil. Der Thurm soll früher ein Satteldach getragen haben.

Altar. Der Altar mit darüber befindlicher Kanzel, ohne Kunstwerth, ist laut Inschrift 1787 von J. F. Koke und J. C. Fierke gestiftet.

Altarleuchter. Zwei Altarleuchter aus Bronze in den Formen der Fig. 33; die Füsse fehlen.

Epitaph. An der Ostseite des Chores befindet sich ein steinernes Epitaphium mit der Darstellung des Gekreuzigten, Maria, Johannes, einer knieenden, männlichen Figur, und dem Schriftbande:

> miserere mei fili marie.

Oben die Inschrift in gothischen Minuskeln:

> Anno domini MCCCCXXXVIII obiit dether budde in vigilia pasce.

Neben der Figur des Verstorbenen eine grosse geöffnete Scheere.

Glocken. Die grössere Glocke zeigt das Bild des Gekreuzigten und die Inschrift:

> A · 1620 · J · H · S · Laudate Deum in sanctuario ejus · Hinrich Heitmöller · Erich Schortau.

Die kleinere Glocke trägt die Inschriften:

> Dancket dem Gott vom Himmel, denn seine Güte wehret ewiglich · Ps. CXXXVI.
>
> Anno Christi 1663 · Domino Henrico Müllero Hohenbostelianae et Lotringhusanae ecclesiae pastore ist diese Glocke zu Gottes Ehren auf der sembtlichen Gemeine Kosten umbgegossen durch M · Ludolf Siegfried in Hannover.

Grabsteine.

Auf der Nordseite des Chores sind zwei Grabsteine eingemauert, von denen der erste verjüngt ist und ein erhaben gearbeitetes Kreuz unter einem Kleeblattbogen zeigt und der zweite, rechteckige, ein auf einem Halbkreise stehendes Kreuz in vertieften Umrissen enthält. Ein dritter Grabstein aus dem XVII. Jahrhundert mit dem Bilde des knieenden Verstorbenen steht in einem der Durchgänge vom Thurm zum Schiff; zwei weitere auf dem Kirchhofe gehören ebenfalls dem XVII. Jahrhundert an.

Kelche.

Ein grosser, silbervergoldeter Kelch von 1729, ein kleinerer aus Silber von 1802.

Stühle.

Stühle im Chor von 1584, 1685 und 1751.

Wappen.

An dem rechteckigen, aus Bruchsteinen errichteten Erbbegräbniss an der Westseite des Thurmes befindet sich ein Stein mit der Jahreszahl 1693, den Namen Martin von Reichau, Juliane Elisabeth von Remichingen, Joh. Soph. von Cornberg, Clara von Quernheim und den zugehörigen Wappen.

Weihwasserbecken.

Der Fuss eines steinernen Weihwasserbeckens trägt jetzt einen Armenstock; das quadratische, an den Ecken mit kleinen Dreiviertelkreisen versehene Becken ist auf der Nordseite des Schiffes eingemauert.

Holtensen.

Kirche.

Litteratur: H. Sudendorf, Urkundenbuch zur Geschichte der Herzöge von Braunschweig und Lüneburg und ihrer Lande VIII, Urk. 253 Anm. und X, Urk. 116; W. von Hodenberg, Calenberger Urkundenbuch VII, Urk. 28 mit Anm., 109, 111, 119—121 und 124; G. S. Treuer, Gründliche Geschlechtshistorie des Hochadlichen Hauses der Herren von Münchhausen, Anhang, 24; Mithoff, Kunstdenkmale und Alterthümer im Hannoverschen I, 103; W. Stedler, Beiträge zur Geschichte des Fürstenthums Calenberg 1. Heft, 10, 29, 47 und 48.

Quellen: Akten des Pfarrarchivs; Verzeichniss der kirchlichen Kunstdenkmäler von 1896; Kgl. Staatsarchiv zu Hannover, Kloster Wennigsen, Urk. 247, 268, 417; Calenb. Brief. Archiv. Des. 7 Kloster Registratur Wennigsen, No. 8 und Hann. 113 K II A 12b Ho. No. 12; Kirchen und Kapellen im Königreich Hannover, Fürstenthum Calenberg', in der Bibliothek des historischen Vereins für Niedersachsen No. 177, II.

Geschichte.

Holtensen, genannt Pott-Holtensen, früher Holthusen, war ehedem Besitzthum der Edelherren von Spolen, welche sich dieses Sitzes wegen de Spolenholthusen genannt haben. Ihr Wappen war ein aufrechter, gekrönter Löwe. Im Jahre 1252 ist holthusen Ausstellungsort einer Urkunde der Gebrüder Konrad und Diederich Spole. 1317 erscheint es als Spolholthusen, und 1329 neben Holthusen als Spollenholthusen und Spolenholthusen. In diesem Jahre war Jordanus rector Ecclesie in Spolholthusen. Gegen Ende des XIII. Jahrhunderts erlosch das Geschlecht derer von Spolen, und Holtensen kam an eine Seitenlinie der Grafen von Spiegelberg. 1331 verkauft Graf Johann von Spiegelberg, weil er nur Töchter besass, und diese Seitenlinie im

Mannesstamm mit ihm ausstarb, dem Kloster Wennigsen das Obereigenthum des Dorfes holthufen mit dem Patronatrechte über die Parochialkirche und die Vogtei daselbst. 1363 und 1368 wird Cord Balghe kercher(e) to holthufen (holthûfen) genannt. Die heutige Namensform begegnet bereits in dem ums Jahr 1330 geschriebenen Verzeichniss der 88 Ortschaften, welche Antheil am Deisterwalde haben, und später 1490. Doch kommt die Schreibweise holthufen noch 1406 vor. Das Patronatsrecht über die Pfarre in Holtensen stand nach dem Corpus bonorum et onerum des Stiftes und Klosters Wennigsen vom

Fig. 56. Kirche in Holtensen; Vortragekreuz.

Jahre 1644 von alters her letzterem zu. Eine Orgel, die bis dahin fehlte, wurde 1819 gebaut, sowie die Kirche repariert.

Die Kirche, welche ein durch drei Kreuzgewölbe überdecktes Rechteck bildete, einen gleich breiten Westthurm und auf der Nordseite zwei Anbauten, eine Sakristei und ein Leichenhaus hatte, wurde im Jahre 1887 der Anbauten entledigt, durch zwei Kreuzarme und einen im Achteck geschlossenen Chor erweitert, mit einer grossen Orgelempore, einem zu dieser führenden äusseren Treppe auf der Südseite, ferner mit neuem Altar, Taufstein und Orgel versehen. Die Thüren im Thurm und auf der Nordseite sind ebenfalls neu. Die mit Sandsteingewänden rechteckig geschlossenen Fenster wurden mit Spitzbogen versehen.

Beschreibung. Schiff.

Das Schiff enthält noch die drei gothischen Kreuzgewölbe mit hohlgekehlten Rippen und Gurtbögen von rechteckigem Querschnitt. Die in späterer Zeit unten abgearbeiteten Wandpfeiler zeigen am Kämpfer eine Platte, Viertelstab, Plättchen und Hohlkehle. Sockel und Gesims des Schiffes sind als Fasen gebildet, die Strebepfeiler mit Pultdächern und Hohlkehlgesims versehen. An der südlichen Aussenwand über den Strebepfeilern sind 4 Konsolen angebracht, welche, wie die Auswechselungen des früheren Dachstuhles erkennen liessen, ehedem einen Dacherker trugen.

Thurm.

Der Thurm öffnet sich nach dem gleich breiten Schiff mit einem grossen Spitzbogen, ist rechteckig, mit einem achtseitigen Helm bekrönt und enthält romanische, gekuppelte Schallöffnungen mit Säulchen in der Mitte.

Altar.

Bei dem modernen Altar sind eine plastisch gearbeitete Darstellung des heiligen Abendmahls aus Holz und ein Crucifixus als Reste des früheren Barockaltars wieder verwendet worden.

Ciborium.

Eine Oblatenbüchse trägt die Inschrift: Henni Johann von Knigge.

Kanzel.

Die hölzerne, achteckige Kanzel mit zierlichen Ecksäulchen, Bogenstellungen, Ornamenten und der Inschrift „Verbum dei manet in aeternum“ stammt aus dem Jahre 1698. Fuss und Treppenaufgang sind neu.

Kelch.

Dem Anfange des XIX. Jahrhunderts gehört ein Kelch mit Patene aus Silber, vergoldet, an. Er trägt das Wappen der Familie v. Knigge.

Vortragekreuz.

Ein Vortragekreuz aus Bronze (Fig. 56) zeigt die Merkmale des XII. Jahrhunderts. Die Füsse des Gekreuzigten stehen nebeneinander, die Arme sind waagerecht ausgestreckt, der Kopf ist gerade, das Gewand lang in Falten gelegt. Das gut erhaltene Kreuz war eine Zeitlang auf der Sakristeithüre aufgenagelt.

Kirchdorf.

Kirche.

Litteratur: H. Sudendorf, Urkundenbuch zur Geschichte der Herzöge von Braunschweig und Lüneburg und ihrer Lande VI, Urk. 109; VIII, Urk. 258 Anm.; W. von Hodenberg, Calenberger Urkundenbuch I, Urk. 16 und 17; VII, Urk. 53 und 142; K. Janicke, Urkundenbuch des Hochstifts Hildesheim und seiner Bischöfe I, Urk. 20; H. Böttger, Diöcesan- und Gau-Grenzen Norddeutschlands II, 113; Zeitschrift des historischen Vereins für Niedersachsen 1860, 20, 21, 43; Mithoff, Kunstdenkmale und Alterthümer im Hannoverschen I, 109 und 110; W. Stedler, Beiträge zur Geschichte des Fürstenthums Calenberg. 1. Heft, 28, 35 und 36.

Quellen: Verzeichniss der kirchlichen Kunstdenkmäler von 1896; Corpus bonorum in Kirchdorf; Kgl. Staatsarchiv zu Hannover, Kloster Barsinghausen, Urk. 128; Kloster Wennigsen, Urk. 181.

Geschichte.

Kirchdorf gehört zu den ältesten Ortschaften des Deisterlandes. Der Name deutet darauf hin, dass die Entstehung des Ortes mit der Gründung einer Kirche daselbst in Zusammenhang gebracht werden muss. Wahrscheinlich hat sich derselbe um die Kirche herum gebildet. Sein frühestes Vorkommen fällt in das Jahr 892. Am 30. Juni dieses Jahres schenkt König Arnulf dem Grafen Ecbreht auf Fürbitte des Bischofs Engilmar 36 Hufen „in pago Tilgidae, in Wange et Visbecchae ac in Marstein necnon in Chirihdorf seu in Steteheim, in Barthunga, in UUersteti ac in Alaringi, in Lohinga". Darnach sind Chirihdorf und Steteheim zwei Ortschaften im Marstemgau, und ersteres besass vielleicht damals eine Kirche. In Urkunden des Jahres 1229 ist von dem facerdof de kerecthorpe oder kerektorpe die Rede. 1269 erlässt Bischof Otto zu Minden dem Kloster Wennigsen das ihm zuständige Zinsgeld aus der Curie zu kerktorpe. 1313 ist Wilbrand plebanus in kerctorpe. Nach dem ums Jahr 1330 geschriebenen Verzeichniss gehörte es als kerctorpe zu den 88 Ortschaften, welche Antheil am Deisterwalde hatten. 1347 erfahren wir von einer dem Kloster Wennigsen zugehörigen Kothe to kercdorpe. Im Lehnsregister des Bischofs Otto von Minden, zwischen 1385 und 1397, begegnet neben kerctorpe die Schreibweise kerchdorpe.

Die Kirche ist von der Familie von Goltern gestiftet und dem heiligen Kreuze geweiht. Im Jahre 1715 stürzte die Thurmspitze ein und zerschlug gleichzeitig einen Theil der nächsten beiden Gewölbe. Die Spitze wurde mit geringerer Höhe wiederhergestellt. Die Empore der Westseite ist im Jahre 1692, diejenige der Nordseite 1721 eingerichtet worden.

Beschreibung. Die einschiffige Kirche ist rechteckig, hat einen geradlinig geschlossenen, mit dem Schiff gleich breiten Chor, zusammen 24,5 m lang, 8,5 m breit, einen fast quadratischen Westthurm von rund 6,3 m Seitenlänge und auf der Nordseite des Chores einen rechteckigen, als Sakristei dienenden Anbau. Sie ist aus Bruchsteinen erbaut und trägt ein Satteldach.

Schiff und Chor. Schiff und Chor sind mit drei aus Backsteinen konstruierten Kreuzgewölben überdeckt, deren hohlgekehlte Rippen aus Sandsteinen bestehen, während die spitzbogigen, profilierten Gurt- und Schildbögen aus Backsteinen hergestellt sind. Sie ruhen auf stark vorspringenden, rechteckigen, romanischen Pfeilern mit Sockel und Kämpfer, aus schwerer Schräge und Platte gebildet. Aussen stehen niedrige, gothische Strebepfeiler mit Pultdächern, Fasensockel und Hohlkehlengesims, welche am Chor über Eck gestellt sind. Der Chor hat einen als Fasen gebildeten Sockel. Schiff und Chor sind auf den Langseiten mit einem einfachen Hohlkehlengesims abgeschlossen; letzterer trägt im Osten einen hohen Steingiebel. Der südwestliche Strebepfeiler enthält in gothischen Minuskeln die Jahreszahl 1474. Auf der Nordseite des Schiffes befindet sich eine spätgothische Thüre mit einander durchdringenden Profilen und gedrehten Sockeln an den Stäben. Die später mehrfach geänderten, einfachen Fenster sind jetzt geradlinig oder flachbogig geschlossen. Auf der Westseite ist noch der schwere romanische Rundbogen mit rechteckigem Querschnitt vorhanden, welcher die erwähnten romanischen Pfeiler verbindet und vor dem Thurmeingang das Schiff überspannt. Aehnliche Bögen befinden sich noch auf der Nordseite. Einfache hölzerne Emporen liegen auf der West-, Nord- und Südseite.

Der westliche Thurmeingang ist spitzbogig und zeigt die Formen der Spätgothik mit einander durchdringenden Profilen (Fig. 57). Ueber demselben befindet sich eine rechteckige Nische, welche mit einem aus romanischer Zeit stammenden Steine überdeckt ist. Letzterer ist mit einem vertieft gearbeiteten Halbkreis und einem einfachen Kreuz geschmückt. Unter dieser Nische steht die Inschrift in gothischen Minuskeln: Thurm.

Año . dñi · 1·5·3·4·

Fig. 57.
Kirche in Kirchdorf; Thüre im Thurm.
1:50.

Auf jeder Seite des Thurmes liegen zwei gekuppelte, rechteckige Schallöffnungen mit Sandsteingewänden und einfachem Fasen. Sockel, Gurt- und Hauptgesims sind als Hohlkehle gebildet; der spitze, achteckige Helm ist mit Schiefer gedeckt.

Die Sakristei mit Hohlkehlensockel, Hohlkehlengesims und nördlichem Steingiebel ist mit zwei rechteckigen Kreuzgewölben überdeckt, deren Ziegelrippen das Birnstabprofil zeigen. In derselben befindet sich eine schmale, gothische Wandnische mit gefasten Gewänden und hohlkehlprofiliertem Spitzbogen. Sakristei.

Die hölzerne Altarwand des vorigen Jahrhunderts mit Kanzel ist ohne Kunstwerth. Altar. Kanzel.

Zwei Altarleuchter aus Bronze in den Formen der Fig. 33. Altarleuchter.

Es sind drei Glocken von 98, 95 und 57 cm Durchmesser vorhanden. Jede derselben trägt am Halse vier Schnüre mit sichtbarer Verknüpfung der Enden und unter diesen vier kleine Hochbilder, von denen eines jedesmal den Gekreuzigten mit Maria und Johannes darstellt. Die Oehre der offenbar von demselben Meister gegossenen drei Glocken haben nach innen den halbrunden, nach aussen den halbsechseckigen Querschnitt. Auf der grossen Glocke befindet sich seitlich noch ein Heiligenbild, darunter sind, über Eck gestellt, vier ringförmige kleine Erhebungen angebracht. Die zweite Glocke hat ebenfalls ein Heiligenbild, die kleinen Erhebungen jedoch verstreut, und zwar je eine zwischen den genannten vier Hochbildern. Die Bilder des Gekreuzigten mit den hochgezogenen Beinen zeigen die Form, wie sie im XIV. Jahrhundert entstanden ist. Glocken.

Auf der Nordseite des Schiffes stehen aussen zwei Grabsteine: der des Pastors Beneckcn, geboren 1638, ein einfacher Wappenstein, und ein guter Grabsteine.

Stein mit der Darstellung der knieenden Verstorbenen vor dem Gekreuzigten. Letzterer trägt die Umschrift in Lapidarbuchstaben:

> Anno 1582 den 21. Decemb. ist · der · ehrbar vnd achtbar · Erich Franke · Oberfvrster . . . . seliglich enchlafen · der · Seil · Got · Gnad.

An den Ecken die Zeichen der Evangelisten.

Kanne. Eine Kanne aus Silber, vergoldet, stammt aus dem Jahre 1744.

Kelche. Drei Kelche mit Patenen aus Silber, vergoldet. Der kleinste (Fig. 58) trägt an seinem Sechsblattfuss das Hochbild des Gekreuzigten mit Maria und Johannes. Die Kuppa hat die gothische Form, der Nodus sechs Zapfen und spätgothische Maasswerkverzierungen, über sich in gothischen Minuskeln die Buchstaben: i · h · e · c · v · s · und darunter: m · a · r · i · a. Unter dem Fuss

Fig. 58. Fig. 59. Fig. 60.
Kirche in Kirchdorf; Kelche.

steht: Hermen Brvns. Der mittelgrosse Kelch (Fig. 60) hat als Fuss ein stumpfes Sechsblatt, die Kuppa noch in der gothischen Form und trägt Inschrift und Wappen des Johan Werner Bodemeyer und dessen Frau mit der Jahreszahl 1663. Der grosse Kelch (Fig. 59) ist laut Inschrift 1736 von C. Deicke und dessen Ehefrau gestiftet. Er zeigt die Formen seiner Zeit.

Kronleuchter. Der Kronleuchter im Schiff, von 1717.

Orgel. Die Orgel stammt aus dem Jahre 1817.

Kirchwehren.

Kirche.

Litteratur: H. Sudendorf, Urkundenbuch zur Geschichte der Herzöge von Braunschweig und Lüneburg und ihrer Lande I, Urk. 184; VI, Urk. 109; X, Urk. 12, Anm. 2; W. von Hodenberg, Calenberger Urkundenbuch I, Urk. 12, 15, 46, 187 und 188; V, Urk. 11; VI, Urk. 10; IX, Urk. 362; H. Böttger, Diöcesan- und Gau-Grenzen Norddeutschlands II, 115; H. A. Lüntzel, die ältere Diöcese Hildesheim, 107; Origines Guelficae III, 485; Würdtwein, subsidia diplomatica VI, 327; B. Chr. von Spilcker, Geschichte der Grafen von Wölpe und ihrer Besitzungen, 18 und 55; Zeitschrift des historischen Vereins für Niedersachsen 1860, 37, 38 und 43; Mithoff, Kunstdenkmale und Alterthümer im Hannoverschen I, 111; W. Stedler, Beiträge zur Geschichte des Fürstenthums Calenberg, 1. Heft, 29 und 54; Die Einweihung der neuen Kirche zu Kirchwehren, Hannover 1756.

Quellen: Verzeichniss der kirchlichen Kunstdenkmäler von 1896; Kgl. Staatsarchiv zu Hannover, Stift Wunstorf, Urk. 357; Kloster Mariensee, Urk. 223.

Kirchwehren ist ein alter Ort. Zu den „predia in occidentali parte fluminis quod Leina dicitur sita", welche Bischof Sigward vor 1129 seinem Domstifte Minden schenkt, gehörte auch ein vorewerc in Wechertheren, dem heutigen Kirchwehren. Nach der Bestätigungsurkunde des Klosters Barsinghausen vom Jahre 1216 besass das Kloster vier Hufen und den Zehnten in Wegerthe. Im Jahre 1221 bekundet Bischof Iso von Verden, dass er dem Kloster yſenſe die Kirche in wegerthe nebst einem Hofe und Eigenbehörigen daselbst geschenkt habe. 1223 treten Lenfriduſ ſacerdos de Wegerde und Gerarduſ ſacerdos eiuſdem eccleſie profeſſus als Zeugen auf. 1267 verkaufen die Gebrüder von Gilten dem Kloster Barsinghausen den Ludolfum uillicum in wegetheren für 3½ Mark. Im Lehnsregister des Bischofs Gottfried von Minden, zwischen 1304 und 1324, kommt der Ort in den Formen wegherden, weghederen und wegedorne vor. Aus einer Urkunde vom Jahre 1337 erfahren wir, dass am 11. Dezember 1336 die Zeugen in Sachen des Propstes zu Barsinghausen gegen die Kirche zu wegedorne wegen eines Zehnten daselbst zu Gunsten der der Kirche ausgesagt haben. In diesem Jahre war Johannes plebanus in wegerden oder wegederen, und es begegnet der Ort ausserdem noch in den Formen wegerderen und wegereden. 1377 verpflichtet sich Graf Ludolf von Wunstorf, dem Bischofe und dem Stifte Hildesheim mit Bewilligung des Kaisers neben anderem das Dorf Weghedern auf ewig zu überlassen. Der erste Bestandtheil der heutigen Namensform ist verhältnissmässig spät angetreten. Erst im Lehnsregister des Bischofs Otto von Minden, zwischen 1385 und 1397, findet sich neben wegederne die Namensform kerchwegedern; berchwegedern beruht auf einem Verschreiben. In einer Urkunde vom Jahre 1472 ist von dem Meigerhoff to kerkwegeren oder wegederen die Rede; und 1555 kommt der Ort als Kerkwere und kerckwerenn vor. Das neue Gotteshaus wurde, nachdem die alte Kirche abgebrochen worden war, in den Jahren 1753 bis 1755 erbaut; nur der Thurm blieb theilweise stehen. Geschichte.

Beschreibung. Schiff. Die rechteckige, mit drei Seiten des Achtecks geschlossene Saalkirche ist aus Bruchsteinen mit Eckquadern errichtet und enthält eine waagerechte, geputzte Decke, welche mit den Umfassungswänden durch eine Hohlkehle verbunden ist. Die Flachbogenfenster haben glatte Sandsteingewände; auf jeder Langseite sind fünf, in den Achteckseiten drei Fenster untergebracht. Thüren befinden sich unter den mittleren Fenstern der Langseiten und auf der Ostseite; letztere trägt im Sturz die Jahreszahl 1758. Im oberen Theile der Ostwand ist aussen ein von der früheren Kirche übernommener Schild eingemauert, welcher die Schildform des XIV. Jahrhunderts hat und einen Kesselhut enthält. Auf dieses Wappen dürfte die Ueberlieferung zurückzuführen sein, nach welcher die Kirche von einem Herrn von Ketelhodt gestiftet sein soll. Emporen aus Holz befinden sich auf der West-, Nord- und Südseite.

Thurm. Der massive, quadratische Thurm mit älteren Theilen hat einen vierseitigen Helm und über dem Knauf die Jahreszahl 1793.

Altar. Kanzel. Altar mit darüber befindlicher Kanzel aus Holz. XVIII. Jahrhundert.

Glocken. Die grosse Glocke von 82 cm Durchmesser trägt am Halse unter einem Fries die Lapidarinschrift:

Meister · Johim Schrader me fieri fecit · anno · domini · 1612.

Die kleine Glocke mit einem Durchmesser von 72 cm enthält unter einem Ornamentstreifen am Halse die einzeilige Inschrift:

Eine Frucht guter Gesinnungen,

und darunter ein Hochbild, welches den Gekreuzigten darstellt.

Auf der Rückseite sind zwei Inschriften — gleich der ersten in Lapidaren — angebracht; oben:

Altaristen H. D. Kocke;
H. H. Schomborg:

und am Rande:

goss mich P. A. Becker · zu Hannover Anno 1779.

Orgel. Orgel laut Inschrift vom Jahre 1791.

Landringhausen.

Kirche.

Litteratur: H. Sudendorf, Urkundenbuch zur Geschichte der Herzöge von Braunschweig und Lüneburg und ihrer Lande VI, Urk. 109; X, Urk. 12, Anm. 2; W. von Hodenberg, Calenberger Urkundenbuch I, Urk. 16 und 17; VI, Urk. 66; IX, Urk. 151 und 221; Origines Guelficae IV, 497, No. 21; Mithoff, Kunstdenkmale und Alterthümer im Hannoverschen I, 112 und 113; W. Stedler, Beiträge zur Geschichte des Fürstenthums Calenberg, 1. Heft, 10, 20, 29, 53 und 54.

Quellen: Verzeichniss der kirchlichen Kunstdenkmäler von 1896; Kgl. Staatsarchiv zu Hannover, Stift Wunstorf, Urk. 147, 215 und 291.

Geschichte. In Urkunden des Jahres 1229 ist von dem facerdof de Linderdingehufen oder Landwerdingehufen die Rede. Der Ort war Eigenthum der gräflich Rodenschen Familie und wurde 1248 von Gliedern derselben an das Kloster

Amelunxborn verkauft. 1253 erscheint er als Lantwerdigehufen. Ein Bernardus plebanus in Landwerd(e)gehufen, sacerdos ist 1289 Zeuge. 1369 begegnet die Schreibweise landwerdinghehufen. 1377 verpflichtet sich Graf Ludolf von Wunstorf, dem Bischofe und dem Stifte Hildesheim mit Bewilligung des Kaisers neben anderem das Dorf Lantwordinghufen auf ewig zu überlassen. Als weitere Namensformen führen wir noch an: im Lehnsregister des Bischofs Otto von Minden, zwischen 1385 und 1397, lanwerdinchufen, 1406 landerdinghehufen, und 1500 landerdinghehaufen. Die von Mithoff beschriebene, mit Bildwerken reich geschmückte Glocke aus dem Ende des Mittelalters wurde 1888 umgegossen.

Die schmucklose Kirche besteht aus einem Schiff und einem Westthurm. Das Schiff ist rechteckig, aus Bruchsteinen errichtet, mit einem im Osten abgewalmten Satteldach überdeckt, enthält eine waagerechte, geputzte Decke, auf jeder Langseite zwei rechteckige Fenster mit glatten Sandsteingewänden und zwei Thüren: eine im Osten und eine im Norden, letztere mit der Jahreszahl 1752. Beschreibung. Schiff.

Der quadratische Thurm mit vierseitigem Helm stammt zum Theil noch von dem früheren Gotteshause. An der Nordseite steht die Jahreszahl 1539. Thurm.

Die hölzerne Altarwand mit Kanzel und zwei seitlichen Durchgängen zeigt Rokokoornamente. Altar. Kanzel.

Silberne Dose mit der Darstellung des Gekreuzigten und der Jahreszahl 1654. Ciborium.

Langreder.

Kapelle.

Litteratur: H. Sudendorf, Urkundenbuch zur Geschichte der Herzöge von Braunschweig und Lüneburg und ihrer Lande I, Urk. 184; VI, Urk. 109; VIII, Urk. 253 Anm.; W. von Hodenberg, Calenberger Urkundenbuch VII, Urk. 104 und 154; IX, Urk. 24 und 25; C. L. Grotefend und G. F. Fiedeler, Urkundenbuch der Stadt Hannover, Urk. 167; H. Böttger, Diöcesan- und Gau-Grenzen Norddeutschlands II, 115; Würdtwein, Subsidia diplomatica VI, Urk. CVI; B. Chr. von Spilcker, Geschichte der Grafen von Wölpe und ihrer Besitzungen, 48; Zeitschrift des historischen Vereins für Niedersachsen 1860, 38, 39 und 43; J. Chr. Brasen, Geschichte des freyen weltlichen Stifts Wunstorf, Hannover 1815, 70; Chr. U. Grupen, Origines et Antiquitates Hanoverenses, 129; Mithoff, Kunstdenkmale und Alterthümer im Hannoverschen I, 113; W. Stedler, Beiträge zur Geschichte des Fürstenthums Calenberg, 1. Heft, 3, 28 und 37.

Quellen: Verzeichniss der kirchlichen Kunstdenkmäler von 1896; Kgl. Staatsarchiv zu Hannover, Kloster Wennigsen, Urk. 234, 235, 249 und 473; Stift Wunstorf, Urk. 19 und 20.

Langreder kommt bereits im ersten Drittel des XII. Jahrhunderts vor. Zwischen 1120 und 1127 stellt der Mindener Bischof Sigward eine Urkunde aus, wonach eine Edelfrau Geburga und ihr Sohn, sowie Mundiburd Thietmar dem Stifte Minden ihre Erbgüter in Geinhusen, Langrothere und Hanhurst Geschichte.

überweisen. Langrothere ist unser Langreder, welches 1278 als Lancredere und Lancredhere begegnet. Es war ehedem Sitz des später erloschenen Ministerialgeschlechtes der Herren von Langreder. Das Dorf, welches heute nach Kirchdorf eingepfarrt ist, hatte früher eine eigene Pfarrkirche. 1294 schenkt Artestus von Goltern das Patronatsrecht über die Kirche zu Langreder, welche bis dahin mit der Kirche zu Kirchdorf, als Mutterkirche, vereinigt gewesen, dem Stifte zu Wunstorf. Im Lehnsregister des Bischofs Gottfried von Minden, zwischen 1304 und 1324, wird es als langerden oder langherden genannt. Eine Urkunde des Jahres 1313 berichtet von der villa Lancrodere. Nach dem ums Jahr 1330 geschriebenen Verzeichniss gehörte es als lancredere zu den 88 Ortschaften, welche Antheil am Deisterwalde hatten. Im Lehnsregister des Bischofs Otto von Minden, zwischen 1385 und 1397, lautet die Namensform lancrede, lancrederen und lankreder, 1361 Lanchredere und langredere, 1364 Langhredere, 1581 Lanckreder.

Beschreibung. Die jetzige Kapelle, welche zu Kirchdorf gehört, ist ein einfaches Bauwerk von rechteckiger Grundform aus Bruchsteinen ohne besonderes Interesse, aussen 7,7 m breit, 12,6 m lang mit steilen Giebeln und Dachreiter. In

Altar. derselben ein Schnitzaltar von geringem Kunstwerth in spätgothischen Formen, welcher früher in der Kirche zu Völksen stand, dort gekauft und hierher geschenkt wurde. Der Schrein mit bemalten Figuren zeigt in der Mitte den Gekreuzigten mit den beiden Schächern, darunter eine figurenreiche Gruppe, auf den Seiten die Heiligen Georg, Petrus, Katharina und Paulus. Ueber der Holzwand steht die Kanzel. Die beiden Flügel, welche jetzt an der östlichen Wand aufgehängt sind, enthalten Darstellungen aus der Leidensgeschichte: Christus in Gethsemane, den Judaskuss, Christus vor Pilatus, die Kreuztragung, die Kreuzabnahme, Grablegung, Auferstehung und die Fahrt zur Hölle.

Lemmie.

Kapelle.

Litteratur: W. von Hodenberg, Calenberger Urkundenbuch I, Urk. 12 und 37; III, Urk. 89; VII, Urk. 2, 10, 11, 48 und 184; Zeitschrift des historischen Vereins für Niedersachsen 1862, 178 und 179, 238 und 239; Mithoff, Kunstdenkmale und Alterthümer im Hannoverschen I, 119; W. Stedler, Beiträge zur Geschichte des Fürstenthums Calenberg, 1. Heft, 28, 43 und 44.

Quellen: Verzeichniss der kirchlichen Kunstdenkmäler von 1896; Kgl. Staatsarchiv zu Hannover, Kloster Wennigsen, Urk. 363 bis 366, 492; Calenb. Brief. Archiv. Des. 7 Kloster Registratur Wennigsen, No. 8.

Geschichte. Nach der Bestätigungsurkunde vom Jahre 1216 besass das Kloster Barsinghausen zwei Hufen in Leminethe. 1226 schenkt Heinrich, Herzog von Sachsen und Pfalzgraf bei Rhein, der ecclesia ſancte Marie et ſancti petri in weningeſſem eine Hufe Landes, eine Mühlenstätte und eine Wiese, copela genannt, zu lemmede. 1236 begegnet der Ort als lemmedhe. Um 1260 verpfändet Graf Ludolf von Wunstorf dem Kloster Barsinghausen seine Eigenbehörige hermannus und Johannes fratres de lemethe, welche Form schon 1243 urkundlich vorkommt. Ein thidericus de lemmethe erscheint 1265. In Urkunden des Jahres 1409 wird das Dorf to lemmede als „beleghen in dem kerſpelde to Gerden" oder „in der gerdener go" bezeichnet. Im „Regiſter waſz domina vnnd Jungfern zu Wennigſenn Innerhalb Cloſters auſzerhalb der Probſtey Jerlichs an korn vnnd anderm einzunehmen" vom Jahre 1600 lautet die Namensform Lembde. 1621 verpfändet Herzog Friedrich Ulrich dem Kloster Wennigsen für 4000 Thaler die Dörfer Holtensen und Lemmje. Im corpus bonorum et onerum des Stiftes und Klosters Wennigsen vom Jahre 1644 findet sich die Schreibweise Lemmigenn. Nach dem Lagerbuche des Amtes Calenberg vom Jahre 1681 befand sich daselbst eine von Holz erbaute Kapelle, welche filia in Gehrden ist und dazu gehört.

Die kleine, rechteckige Kapelle von Fachwerk mit massiver Westseite, überstehendem Dach und profilierten Konsolen an den drei übrigen Seiten, gehört in der Hauptsache dem XVII. Jahrhundert an. Die Wetterfahne des Dachreiters im Westen zeigt die Jahreszahl 1862. Die Altarwand hat Reste eines spätgothischen Schnitzwerkes mit fünf Figuren, welche später in der jetzigen Form zusammengestellt sind. Beschreibung. Altar.

Lenthe.

Herrenhäuser, Denkmal, Kirche.

Litteratur: H. Sudendorf, Urkundenbuch zur Geschichte der Herzöge von Braunschweig und Lüneburg und ihrer Lande I, Urk. 184; VIII, Urk. 253 Anm.; W. von Hodenberg, Calenberger Urkundenbuch VII, Urk. 30; IX, Urk. 36; Würdtwein, Subsidia diplomatica VI, No. XCIX; Zeitschrift des historischen Vereins für Niedersachsen 1860, 29—31, und 43; Mithoff, Kunstdenkmale und Alterthümer im Hannoverschen I, 119 und 120; W. Stedler, Beiträge zur Geschichte des Fürstenthums Calenberg, 1. Heft, 3, 28 und 44.

Quellen: Verzeichniss der kirchlichen Kunstdenkmäler von 1896.

Die früheste Nachricht über das Dorf Lenthe fällt in die zweite Hälfte des XI. Jahrhunderts. Ums Jahr 1055 überweist Bischof Egilbert von Minden dem Billunger Herzog Bernhard II. zwölf Vorwerke und zwei Zehnten, welche in der Diöcese Minden belegen waren. Dabei wird auch Lenthe genannt. Ein dominus Engelbertus de lenthen begegnet 1255 als Zeuge. 1288 ist von einer Curia Lente die Rede. Neben diesen Formen erscheint im Lehnsregister des Bischofs Gottfried von Minden, zwischen 1304 und 1324, die Schreibweise lenten. Nach dem ums Jahr 1330 geschriebenen Verzeichniss gehörte der Ort als Lente zu den 88 Ortschaften, welche Antheil am Deisterwalde hatten. Die Kirche daselbst, welche früher zu Ronnenberg gehörte, ist im Jahre 1394 mit der Pfarre von der Familie von Lenthe gestiftet worden. Die Einweihung erfolgte durch den Bischof Otto von Minden im gleichen Jahre. Geschichte.

Obergut. Auf dem Obergute steht, an einzelnen Stellen von den Resten des früheren Hausgrabens umgeben, ein massives Herrenhaus mit Untergeschoss, Erd- und Obergeschoss, welches theilweise erneuert ist. Es enthält gekuppelte, rechteckige Fenster mit Fasen oder zierlichem Profil; einzelne der Mittelpfosten sind als Renaissance-Säulchen ausgebildet. Im Untergeschoss nach dem Hofe zu sind noch zwei Rundbogenthüren mit profilierten Gewänden und ein massiver rechteckiger Erkerausbau erhalten. An letzterem sind die Wappen der Familien von Lenthe und von Bennigsen angebracht und die Inschrift:

Erbawet im Jahre 1604.

Denkmal. Im Garten hat neuerdings ein Sandsteindenkmal Platz gefunden, welches an dem nahe gelegenen Opferteiche errichtet worden war. Auf einem achtseitigen, dreistufigen Unterbau erhebt sich eine in bescheidenen Abmessungen gehaltene Säule, deren mit Akanthusblättern besetztes, stark zerstörtes Kapitäl eine Urne trägt mit der Inschrift:

Floreat patria 1796.

Untergut. Das einfache Herrenhaus des Untergutes besteht aus zwei Fachwerkgeschossen auf massivem Unterbau. Ueber der Thüre der erneuerten Hofseite befinden sich zwei Wappen und folgende Bezeichnung:

August Friedrich von Lenthe · Elisabeth von Lenthe geb. von dem Knesebeck.

Darunter: Renovatvm Anno MDCCCXXXXVII.

An einem Nebengebäude ist über dem Eingange ein Doppelwappen (von Lenthe und von Reden) angebracht und die Jahreszahl 1774.

Kirche. Die im Aeusseren wenig ansprechende Kirche besteht aus einem gerade geschlossenen Chor, einem rechteckigen Schiff und einem westlichen Theil, welcher unten massiv ist und als Erbbegräbniss dient, im oberen Fachwerkbau die Gutsprieche enthält. Ueber das Ganze erstreckt sich ein im Osten und Westen abgewalmtes Dach mit einem viereckigen Dachreiter, geschwungenem Helm und der Jahreszahl 1787 in der Wetterfahne. An der Nordseite des Chors liegt die Sakristei mit einer Gruft im Untergeschoss.

Chor. Der gothische Chor ist mit einem Kreuzgewölbe mit Birnstabrippen auf Konsolen überdeckt, dessen Schlussstein mit dem Haupte Christi geschmückt ist. Der Sockel ist als Fasen ausgebildet, über Eck stehen zwei Strebepfeiler mit Pultdächern und Hohlkehlengesims. An der Ostwand befindet sich aussen ein kleines Relief mit einer Darstellung des Gekreuzigten zwischen den beiden Schächern und die Inschrift in gothischen Minuskeln:

anno · dni · m · d · bidde t . . .

Schiff. Das Schiff mit dem Chor durch einen breiten spitzbogigen Triumphbogen verbunden, ist rechteckig, enthält meist rechteckige Fenster mit Sandsteingewänden ohne Profil und eine neue, flache Holzdecke. Hölzerne Emporen liegen auf der Nord-, Süd- und Westseite. Ueber der nördlichen, rechteckigen mit Fasen profilierten Eingangsthür steht die Lapidarinschrift:

Haec ecclesia confirmatione Ottonis episcopi Mindensis ac nobilibs de Lenthe · Ao · MCCCXCIV : fundata.

Der südliche Eingang hat an seinem rechteckigen Gewände ein reicheres Profil und darüber die Worte in Lapidarschrift:

Auxilium numen, sumtusque tulere patroni;
incola vecturis subvenit atque manu.
aeris suppetias solvent aeraria templi:
sic sacrata deo, stat renovata domus.
Anno: MDCCXXXVII

Fig. 61 Kirche in Lenthe; Altar.

Der Altar ist ein schönes Beispiel des späten Barock mit gewundenen Säulen und kräftigem Laubwerk (Fig. 61). Unten ist ein mit plastischen Figuren dargestelltes Abendmahl, darüber die Kreuzigung sichtbar, oben ein von Engeln gehaltenes Schild mit dem Wappen der Familie von Reden und den Buchstaben: Altar.

M. J. G. v. L. C. v. R.

Auf der Rückseite des farbig behandelten, stark wurmstichigen und vielleicht dem Untergang gewidmeten Werkes steht die Jahreszahl 1710.

Altarleuchter. Zwei schwere Altarleuchter in Bronze mit rundem Fuss und Nodus am walzenförmigen Schaft.

Antependium. Ein zum Theil mit Metall gesticktes Antependium trägt zwei Wappen und die Bezeichnung:

Otto Christian von Lenthe · Florina Sophia v: Lenthe gebohrne Baroness v: Lichtenstein.

Ciborium. Ciborium von Silber mit Barockornamenten, dem Wappen der Familie von Reden, der Jahreszahl 1697 und der Bezeichnung:

W. v. L. M. J. v. R.

Grabsteine. Neben dem Altar sind im Chor mehrere schöne Grabdenkmäler bemerkenswerth: der Grabstein der Frau Sidonia von Bennigsen, der Wittwe des Dietrich von Lenthe, geboren 1564, gestorben 1640, mit zwei Wappen, ferner der Frau Clara von Lenthe, Diterich v. Lente Tochter, geboren 1585, verheirathet 1612 mit Lambert von Phuel, 1613 verwittwet, 1626 wieder verheirathet mit Burchart von Hanesch, 1634 abermals Wittwe, gestorben 1666. Dieser Stein enthält die Wappen der v. Lenthe, v. Bennigsen, v. Alten, v. Weltze. Dieselben vier Wappen sind auf dem Grabstein für Erich von Lenthe Dieterichs sehl. Sohn Fürstl. Braunschw. Lüneb. Vice-Hofrichter Land- und Schatzrath, geboren am 20. September 1597, gestorben am 4. März 1683, angebracht. Der Stein des Werner v. Lenthe, geboren am 6. Oktober 1636, gestorben am 16. Juni 1669, ist mit den vier Wappen der v. Lenthe, Bennigsen, Schenken und Schulenburg geschmückt. Auf zwei mit Köpfen verzierten Konsolen steht der Stein des Dieterich Christian von Lenthe, geboren am 30. Oktober 1630, gestorben am 23. Januar 1696; er enthält zweimal das Lenthesche Wappen, dann das der Familien v. Reden und Schenken.

Ein Grabstein ist mit 16 Wappen in folgender Anordnung an beiden Seiten besetzt:

D. Schenken.	D. v. Schulenburg.
D. v. Bulaw.	D. v. Veltheim.
D. v. Wenkestern.	D. v. Quitzaw.
D. v. Marenholtz.	D. v. Schweichel.
D. v. Jagaw.	D. v. Rohr.
D. v. Knesenbeck.	D. v. Arnim.
D. v. Bodendick.	D. v. Oppershavsen.
D. v. Bodendorf.	D. v. Ravtenberg.

Er enthält noch folgende Inschrift:

Hir liegt ein Edle Fraw geziert mit diesen Gaben
Zucht Gottesfurcht vnd was man Tugend heisst begraben,
Auf dem Hauss Flechling vom uhralten Schenken Staṁ
Gebohren, Maria Agnese war ihr Nahm,
Zwölff Jahre sind dass Sie für andern auserwählet
Erich von Lenthen ist getrawet vnd vermählet.
Funff Tochter vnd vier Sohn' erzeugt von Ihnen seyn
Davon sampt Ihr bei Gott zween Sohn' ein Tochterlein

Ob Sie im Jammerthal zwar kurtze Zeit gelebet
Als neun vnd dreissig Jahr doch itzt in Frewden schwebet
Da man Ein Tausend schrieb Sechshundert viertzig, Ein
Am Eilfften Tag'Aprils da möchts nit anders seyn
Sie solt ewig bei Gott im Frewden Saale prangen,
Vnd da die Ihrigen zu seiner Zeit empfangen.
O lernet hie, weil man ia endlich sterben muss,
Ihr Sterblichen zumal zu sterben ohn verdruss.

Philipp. I.
Christus ist mein Leben
Sterben ist mein Gewin.

Während alle diese Steine an den Wänden Platz gefunden haben, finden sich noch zwei im Fussboden des Chores, zum Theil verdeckt. Die Umschrift des ersten ist in gothischen Minuskeln wiedergegeben und lautet nach Mithoff:

Año . dnī . m . cccc . lxııı . in . die . dominica . ante . festꝰ . michaelis . obiit . Jutte . filia . albarto . lethelē . vxor . d . . . rici . de . lente . c' . aīa . rq̄escat . ī . ⁻ .

Der zweite trägt die Worte:

Anno dni 1525 obiit Dirick van lente · 1525 obiit . . . . . .

Aussen an der Südseite der Kirche steht ein grosser Grabstein des Pastors Laurentius Garben, geboren zu Braunschweig 1598, wurde 1627 Pastor in Lenthe, starb 1668. Er enthält ausser zwei Wappen eine umfangreiche Inschrift. Weiter nach Westen an derselben Mauer befindet sich das in antiken Formen gehaltene, mit einem Obelisken gekrönte Grabmal der Karoline Juliane von Stockhausen, geborene von Münchhausen, gestorben 1792.

Auf dem Kirchhofe sind noch mehrere Grabsteine von 1680, aus dem XVIII. und dem Anfange des XIX. Jahrhunderts erhalten.

Eine silberne Kanne trägt das Wappen der Familie v. Lenthe und die Inschrift: Kanne.

Dorothea von Lenthe, gebohren den 28ten Octobr. 1667. gestorben den 2ten Martii 1756.

Die hölzerne, in Barockformen gearbeitete Kanzel ist mit zwei Wappen geschmückt, welche bezeichnet sind: Kanzel.

Erich v. Lente. Maria Agnesa Schenken.

Ein grosser Kelch mit Patene aus Silber, vergoldet, enthält in der Inschrift die Jahreszahl 1697; sein Fuss ist als Sechsblatt gebildet. Der zweite Kelch mit Patene von gleicher Form und gleichem Metall ist am Sechsblattfuss mit der Darstellung des Gekreuzigten und dem Lentheschen Wappen geschmückt; 1697. Ein kleiner Kelch mit dem Namen Dorothea v. Lenthe und dem zugehörigen Wappen gehört dem XVIII. Jahrhundert an. Kelche.

Leveste.

Kirche, Herrenhaus, Denkmal.

Litteratur: H. Sudendorf, Urkundenbuch zur Geschichte der Herzöge von Braunschweig und Lüneburg und ihrer Lande I, Urk. 185; VIII, Urk. 253 Anm.; W. von Hodenberg, Calenberger Urkundenbuch I, Urk. 17; VI, Urk. 20 und 124; VII, Urk. 156 und 158; C. L. Grotefend und G. F. Fiedeler, Urkundenbuch der Stadt Hannover, Urk. 56; Rehtmeier, Braunschweig-Lüneburgische Chronica, 650 und 651; (Koch), Versuch einer pragmatischen Geschichte des Durchlauchtigsten Hauses Braunschweig und Lüneburg, Braunschweig 1764, 286; H. D. A. Sonne, Beschreibung des Königreichs Hannover V, 506; W. Havemann, Geschichte der Lande Braunschweig und Lüneburg I, 506; Mithoff, Kunstdenkmale und Alterthümer im Hannoverschen I, 120 und 121; W. Stedler, Beiträge zur Geschichte des Fürstenthums Calenberg, 1. Heft, 28, 37 und 38; J. Meyer, die Provinz Hannover in Geschichts-, Kultur- und Landschaftsbildern, Hannover 1888, 788 und 1316.

Quellen: Verzeichniss der kirchlichen Kunstdenkmäler von 1896; Kgl. Staatsarchiv zu Hannover, Kloster Wennigsen, Urk. 243.

Geschichte.

In Leveste bestand um 1229 ein Gotteshaus; in einer Urkunde aus dieser Zeit ist nämlich von dem sacerdos de Leueste die Rede. Im Jahre 1239 schenkt Graf Konrad von Roden dem Kloster Marienwerder die Ecclesiam Leuesthe. 1292 leistet Johannes de Escherde Verzicht auf den Zehnten zu Liveste. In einem Verzeichniss über die Leistungen der Höfe des Domkapitels und des Bischofs zu Minden an dieselben, vom Ende des XIII. oder Anfang des XIV. Jahrhunderts, wird das domus sacerdotis in Leueste genannt. Am 3. Februar 1329 melden die Grafen Gerhard und Ludolf von Hallermund dem Bischofe zu Minden, dass sie dem Kloster Marienwerder das Patronatsrecht über die Kirche zu Linden gegen das Patronatsrecht über die Kirche zu Leveste überlassen haben. Nach dem ums Jahr 1330 geschriebenen Verzeichniss gehörte der Ort als leueste zu den 88 Ortschaften, welche Antheil am Deisterwalde hatten. 1363 begegnen die Namensformen Leuesten und leuestede. In diesem Jahre war albert hesse kerchere to leueste, und der Kirche selbst geschieht auch Erwähnung.

An der Stelle des ritterschaftlichen Gutes stand in der Vorzeit eine mächtige Burg. In dem im Jahre 1425 zwischen der Stadt Hannover und dem Herzog Bernhard errichteten Vergleiche versprach dieser „von Leveste dasjenige abbrechen zu lassen, was sich, bey der Besichtigung, gegen der Stadt Privilegia gebauet zu seyn finden würde“. Die Burg diente zur Beherrschung des ehedem bei Leveste vorbeiführenden Helwegs. Auf diesem fand 1373 in dem sogenannten Lüneburger Erbfolgekrieg Herzog Magnus Torquatus seinen Tod.

Beschreibung. Schiff.

Die der heiligen Agathe gewidmete Kirche, welche früher zum Archidiakonate Pattensen gehörte, besteht aus Schiff und Westthurm. Das Schiff ist rechteckig, im Lichten 6,8 m breit, 20,5 m lang, aus Bruchsteinen erbaut und aussen neu geputzt. Es hat ein Satteldach mit hohem Steingiebel im Osten, einfache Strebepfeiler mit Pultdächern, neuere, rechteckige oder flachbogig geschlossene Fenster, aussen einen gefasten Sockel und wird durch drei Kreuzgewölbe ohne Rippen überdeckt, welche durch schwere, spitzbogige

Gurtbogen von rechteckigem Querschnitt getrennt sind. Die inneren, gewölbetragenden Wandpfeiler haben rechteckigen Querschnitt und Kämpfer und Sockel, welche in romanischer Weise aus Platte und Schräge gebildet sind. Eine grosse Spitzbogenöffnung der Ostwand, welche den übrigen Gurtbögen entspricht, lässt erkennen, dass hier früher noch ein besonderer Chor bestanden hat, an dessen Stelle in späterer Zeit die kunstlose Sakristei errichtet wurde. Die Thüre auf der Nordseite ist spitzbogig und gefast. Hölzerne Emporen liegen auf der West-, Süd- und Nordseite; letztere trägt an einer Stelle die Jahreszahl 1660. An der Gutsempore die Wappen der Familien Knigge und von Münchhausen.

Der schwere, rechteckige Westthurm mit achteckigem beschieferten Helm steht mit dem Schiff durch einen Spitzbogen von rechteckigem Querschnitt in Verbindung, welcher wiederum die aus Platte und Schräge gebildeten Kämpfer und Sockel aufweist. Er hat auf der Nordseite einen halbkreisförmig geschlossenen, jetzt vermauerten Eingang, oben ein Hohlkehlengurtgesims und darüber die flachbogig geschlossenen Schallöffnungen. Letztere haben noch gefaste Spitzbogenblenden und sind auf der Nord- und Südseite zu zweien in der Weise gekuppelt, dass die beiden Spitzbögen und Flachbögen aus einem Stein gearbeitet sind. Die Spitzbogenblende der einfachen westlichen Schallöffnung enthält ein dreieckiges Wappenschild. Thurm.

Auf der Nordseite des Chores liegt das Grabgewölbe der Freiherren Knigge. Grabgewölbe.

Die hölzerne Altarwand mit zwei gewundenen Barocksäulen und Kanzel trägt die Inschrift: Altar.

Anna Ottilia von der Lippe.

Die von Mithoff erwähnte kleine Glocke des Christoffer Horenbarch von 1567 ist nicht mehr vorhanden. Eine Glocke von 106 cm Durchmesser hat am Halse die Inschrift: Glocken.

M. Jochim Schrader

darunter in einer sechszeiligen Inschrift die Zahl 1608.

Zwei Grabsteine befinden sich an der Aussenwand des Gruftgewölbes. Der erste zeigt die Figuren des Pastors Bartholomaeus Rhodius, gestorben 1599, und seiner Frau betend vor dem Gekreuzigten, der zweite Grabstein, welcher nach Mithoff seinem Sohne und Amtsnachfolger gesetzt ist, ist vollständig mit Epheu überwachsen. Grabsteine.

Eine silberne Weinkanne trägt die Inschrift: Kanne.

Anna Juliana Mehemeth. Anno 1733.

Die Stifterin, eine Türkin, später zur katholischen Religion übergetreten, erbat sich für das Geschenk eine Grabstätte auf dem dortigen Kirchhofe.

Ein Kelch mit Patene aus Silber hat einen als Achtblatt gebildeten Fuss, auf demselben eine Krone, darunter die Buchstaben J H K und die Lapidarinschrift: Kelch.

Diesen heiligen Kelch welchen ich zum Gebrauch Gottes zur ewigen Gedechtnis auf mein Haus Leueste den Meinen hinterlase welcher aus Silber eines Türkischen Pusicans so in der Schlacht uor Leuentz bekomen gemacht worden anno 1666 den 1 Februar.

Gutsgebäude. Die Gutsgebäude sind von einem alten Hausgraben umgeben, sie selbst sind neu.

Denkmal. An der Stelle vor Leveste, an welcher der Herzog Magnus Torquatus am 25. Juli 1373 fiel, stand eine rechteckige Quaderplatte mit eingemeisseltem Kreuz. Diese Platte bildet jetzt das Mittelstück eines Denkmals aus Sandstein, welches König Georg V. im Jahre 1864 zur Erinnerung an jene Begebenheit nach den Entwürfen des Oberlandbaumeisters Vogell in gothischen Formen errichten liess.

Limmer.

Kirche.

Litteratur: W. von Hodenberg, Calenberger Urkundenbuch I, Urk. 10, 14 und 18; V, Urk. 98 und 99; VI, Urk. 13, 46, 75, 121, 128 und 138; IX, Urk. 5, Anm. 2; Origines Guelficae III, 130 und 131; C. L. Grotefend und G. F. Fiedeler, Urkundenbuch der Stadt Hannover, Urk. 105, 106, 187, 224 bis 226, 390 und 406; Chr. U. Grupen, Origines et Antiquitates Hanoverenses, 6 und 7; (Koch), Versuch einer pragmatischen Geschichte des Durchlauchtigsten Hauses Braunschweig und Lüneburg, Braunschweig 1764, 59; Zeitschrift des historischen Vereins für Niedersachsen 1860, 27 und 43; H. A. Lüntzel, die ältere Diöcese Hildesheim, 107, 355 und 360; H. Böttger, Diöcesan- und Gau-Grenzen Norddeutschlands II, 114; Mithoff, Kunstdenkmale und Alterthümer im Hannoverschen I, 121; J. Meyer, die Provinz Hannover in Geschichts-, Kultur- und Landschaftsbildern, Hannover 1888, 859 und 860.

Quellen: Verzeichniss der kirchlichen Kunstdenkmäler von 1896; Kgl. Staatsarchiv zu Hannover, Kloster Marienwerder, Urk. 9, 34, 121, 127 und 142; Kloster Mariensee, Urk. 98; Redeker, Hist. Collect. MS. in der Magistrats-Registratur zu Hannover, bis zur Mitte des XVIII. Jahrhunderts reichend.

Geschichte. Die älteste Kunde vom Dorfe Limmer fällt in den Beginn des XI. Jahrhunderts. Bereits in der Bestätigungsurkunde des Michaelisklosters zu Hildesheim vom Jahre 1022 wird es als lumbere genannt. Von einer Kirche daselbst hören wir im XIII. Jahrhundert. 1230 ist dominus hartmodus de Limbere facerdos Zeuge. 1268 vertauscht Graf Ludolf von Roden der ecclesia beati Nicolai in limbere eine bei der Leine belegene Hausstelle gegen den kleinen Pfarrhof, welche der dominus thidericus memorate ecclesie facerdof resigniert. 1293 wird der Kirchhof (cimiterium) zu limbere erwähnt. 1302 überträgt Graf Johannes von Rodhen auf Bitten des Pfarrers Dietrich in Limbere der Kirche in Limbere eine Kothe in horst. 1328 inkorporieren der Bischof Ludwig, das Kapitel zu Minden und Johann von Lubbeke, Archidiakon zu Pattensen, dem Kloster Marienwerder die Parochialkirchen in Linden und limbere (lymbere). 1330 erfolgt die Bestätigung des Patronatsrechtes über die Kirchen in Linden und Linbere, welches das Kloster vom Grafen Johannes von Wunstorf empfangen, durch den Papst Johann XXII. 1339 war hinricus leo viceplebanus in der dem Kloster Marienwerder gehörenden Kirche in limbere.

Nach dem Orte benannte sich ehedem eine Linie der Grafen von Roden. Ein h. dictus comes in limbere begegnet in einer vor 1216 ausgefertigten Urkunde. Es ist Hildebold III., dritter Sohn des Grafen Konrad I. von Roden; er kommt von 1191 bis 1225 vor. Konrad I. besass das castrum Limbere oder Limberg, welches 1187 und 1190 genannt wird. Von diesem Schlosse, in welchem Heinrich VI. Heinrich den Löwen ohne Erfolg 1189 belagerte, findet sich bereits im XIII. Jahrhundert keine Spur mehr.

Die in den Jahren 1787 bis 1791 errichtete Kirche, welche ein einfaches Rechteck ohne Thurm bildete, wurde 1898 umgebaut und durch einen massiven Westthurm, einen gewölbten Chor und eine Sakristei auf der Südseite erweitert. Die flache geputzte Decke wurde durch eine neue Holzdecke, welche in den Dachraum hineingezogen ist, ersetzt; Orgel, Altar, Kanzel, Taufstein und mehrere farbige Fenster wurden neu beschafft, das neben dem Gotteshause befindliche Glockengerüst beseitigt.

Beschreibung. Schiff.

Das rechteckige Schiff aus dem Ende des vorigen Jahrhunderts ist in der Hauptsache mit Ausnahme der Decke noch erhalten. Es ist mit Sockel, Eckquadern und glatten Fenster- und Thürgewänden aus Sandstein versehen, enthält auf jeder Langseite vier flachbogig geschlossene Fenster mit glattem Schlussstein und in der Mitte je eine Flachbogenthüre mit darüber befindlichem kleinen Fenster. Auf der Nord-, West- und Südseite sind hölzerne Emporen angebracht.

Altarleuchter.

Zwei Altarleuchter von Zinn haben die Form des Leuchters der Fig. 2 und stammen aus dem Jahre 1787.

Gemälde.

Ein Oelgemälde stellt den bekannten Pastor Sackmann, gestorben 1718, ein zweites den Pastor Vietken, gestorben 1780, dar.

Glocken.

Eine Glocke von 85 cm Durchmesser hat am Halse einen Ornamentstreifen, darunter die einzeilige Lapidarinschrift:

Meister . Jochim Schrader . me fecit . anno . domini . 1613 :·

Die zweite Glocke mit einem Durchmesser von 102 cm trägt in der Mitte einen Spruch und mehrere Namen und am Kranze die Worte in Lapidarschrift:

Johann Heinrich Christoff Weideman : goss mich . in Hannover . Anno . 1763.

Grabsteine.

Zwei Grabsteine sind in die Wände der neuen Thurmhalle eingemauert. Der erste enthält eine Darstellung des Gekreuzigten und der knieenden Familie des Verstorbenen und stammt aus dem Jahre 1624; der zweite, mehr verwitterte Stein gehört dem XVIII. Jahrhundert an und zeigt eine stehende weibliche Figur.

Kelch.

Ein silberner Kelch mit Patene aus dem Jahre 1817.

Luttringhausen.

Kirche.

Litteratur: H. Sudendorf, Urkundenbuch zur Geschichte der Herzöge von Braunschweig und Lüneburg und ihrer Lande I, Urk. 10, 79, und 185; VIII, Urk. 258 Anm.; X, Urk. 120 und 132; W. von Hodenberg, Calenberger Urkundenbuch I, Urk. 87, 100, 220 und 251; C. L. Grotefend und G. F. Fiedeler, Urkundenbuch der Stadt Hannover, Urk. 88; Mithoff, Kunstdenkmale und Alterthümer im Hannoverschen I, 133; W. Stedler, Beiträge zur Geschichte des Fürstenthums Calenberg, 1. Heft, 17, 28 und 30; 3. Heft, 64, 73 bis 78.

Quellen: Idiotikon der fünf Bördedörfer, verfasst vom Pfarrer Fromme in Hohenbostel; Kgl. Staatsarchiv zu Hannover, Kloster Barsinghausen, Urk. 375 und 466; Kloster Marienrode, Urk. 607.

Geschichte. Nach dem ums Jahr 1226 angefertigten Lehnsregister des Luthard von Meinersen besass lippoldus de antiquo foro duos mansos lutterinchusen. Aus dem um 1274 geschriebenen Lehnsregister des Luthard und Burchard von Meinersen erfahren wir, dass der Dominus tidericus de lutteringehusen VI. mansum ibidem inne hatte. Am 25. Mai 1303 schenken die Grafen Gerhard und Gerhard von Hallermund dem Kloster Barsinghausen ihre Besitzungen in villa lutheringhehusen. 1305 wird Dominus vromoldus als plebanus in Loteringehusen und 1306 als rector in Lutteringehusen genannt. In einem Verzeichniss über die Leistungen der Höfe des Domkapitels und des Bischofes zu Minden an dieselben, vom Ende des XIII. oder Anfang des XIV. Jahrhunderts, begegnet der Ort als lutherdighusen. Er gehörte nach dem ums Jahr 1330 geschriebenen Verzeichniss als loteringhehusen zu den 88 Ortschaften, welche Antheil am Deisterwalde hatten. Am 29. September 1357 schenkten die Grafen Hermann und Heinrich von Pyrmont dem Kloster Barsinghausen das Patronatsrecht über die Kirche sanctorum allexandri et sociorum in loteringhehusen. 1401 überträgt Graf Julius von Wunstorf der Kirche zu loterinegehusen das Eigenthum zweier Kothen und einer Hufe Landes zu munslo, mit der Bestimmung, dass der Pfarrer zu loterinegehusen Seelenmessen lesen soll für das Geschlecht der Grafen von Wunstorf. Damals war Johann Budde kerkher to Loteringehusen. 1406 lautet die Namensform lutterdinghefhusen und lutterdinghehusen, 1492 lotringhehusen. 1580 wird Heinrich Steinmann, Pastor in Barsinghausen, mit der Versorgung der Kapelle in Luttringhausen betraut. 1612 begabt Heinrich Julius, Herzog zu Braunschweig und Lüneburg, den Henning von Reden mit dem Buschwerk auf der Hohenheide vor den Dörfern Hohenbostell, Bandtorff und Lottrihausen. Es gehörte zum Archidiakonat Aplern. In späterer Zeit wurden die Gewölbe aus Schiff und Chor entfernt. 1829 wurde der Chor erneuert, die südlichen Fenster des Schiffes wurden nach unten verlängert, das dritte Fenster neu angelegt; das Fenster der Nordseite wurde 1864 hergestellt und gleichzeitig das nördliche Chorfenster vergrössert.

Mit der Reformation verlor die Kirche ihre Selbstständigkeit; sie wurde Filiale von Barsinghausen und abwechselnd mit Barsinghausen und Hohenbostel verbunden. Seit 1800 ist die Kirche als mater combinata endgültig mit Hohenbostel vereinigt.

Die in Bruchsteinen mit Eckquadern errichtete Kirche besteht aus einem Westthurm, Schiff und Chor (Fig. 62). Beschreibung.

Der aus drei Seiten des Achtecks geschlossene, mit flacher Decke versehene Chor zeigt im Norden und Süden je ein gekuppeltes Spitzbogenfenster, ähnlich denen im Schiff, und in den drei Achteckseiten je ein einfaches Spitzbogenfenster in tiefen Schrägen. Drei Strebepfeiler und die Chorwände haben als Sockel einen einfachen Fasen. Der halbkreisförmige Triumphbogen zeigt als Kämpferprofil die romanische Schräge und Platte. Chor.

Das breitere Schiff, aussen 12,8 m lang, 8,5 m breit, ist mit Balken überdeckt und wird auf der Nordseite durch ein, auf der Südseite durch zwei Schiff.

Fig. 62. Kirche in Luttringhausen

zweitheilige Fenster beleuchtet, welche mit je zwei aus einem Stück gearbeiteten Spitzbögen oder Halbkreisbögen abschliessen. Das innen und aussen durchgeführte Hohlkehlprofil ist auch an der Sohlbank vorhanden; die Theilungspfosten stehen in der äusseren Mauerflucht. Auf der Südseite ein vermauertes romanisches, rundbogig geschlossenes Portal, mit geradem Sturz und zwei Säulen des XII. Jahrhunderts. Ein gleicher Eingang — ohne Säulen — der Nordseite enthält eine Holzthüre mit der Jahreszahl 1736. Der Sockel des Schiffes ist als Fasen, im westlichen Theile auf einer kurzen Strecke als Hohlkehle gebildet. Im Inneren liegt auf halber Höhe der Langseiten ein Mauerabsatz.

Der fast quadratische Thurm von rund 6 m Seitenlänge enthält auf der Nord- und Südseite je zwei flachbogig überdeckte, durch Säulchen ohne Thurm.

Kapitäl getrennte Schallöffnungen, im Uebrigen einige kleine, rechteckige Oeffnungen und theilweise einen nach der Hohlkehle profilierten Sockel. Er ist mit einer vierseitigen Pyramide überdeckt.

Altarleuchter. Zwei Altarleuchter aus Bronze von 1650 tragen die Namen der Stifter Hans Baterman und Harmen Schraeck.

Glocke. Die Glocke von 83 cm Durchmesser trägt die Inschrift „M. Jochim Schrader me fecit", die Jahreszahl 1614 und den Namen des Johann Hagen, Pastor in Barsinghausen und Luttringhausen.

Kanzel. Die Kanzel ist barock mit gewundenen Säulchen; sie wurde 1692 beschafft.

Taufstein. Ein Taufstein in gothischen Formen, achteckig, innen rund, steht jetzt vor der Kirche.

Northen.

Kapelle.

Litteratur: H. Sudendorf, Urkundenbuch zur Geschichte der Herzöge von Braunschweig und Lüneburg und ihrer Lande I, Urk. 184; VI, Urk. 109; VIII, Urk. 253 Anm.: W. von Hodenberg, Calenberger Urkundenbuch IX, Urk. 156; Mithoff, Kunstdenkmale und Alterthümer im Hannoverschen I, 149; W. Stedler, Beiträge zur Geschichte des Fürstenthums Calenberg, 1. Heft, 28, 43 und 44.

Quellen: Verzeichniss der kirchlichen Kunstdenkmäler von 1896; Kgl. Staatsarchiv zu Hannover, Stift Wunstorf, Urk. 151.

Geschichte. Northen begegnet im Lehnsregister des Bischofs Gottfried von Minden, zwischen 1304 und 1324, theils als northem, theils in seiner heutigen Schreibweise. Es gehörte nach dem ums Jahr 1330 geschriebenen Verzeichniss als Nortom zu den 88 Ortschaften, welche Antheil am Deisterwalde hatten. 1370 dotiert die Aebtissin Jutta zu Wunstorf die von ihr gestiftete Michaeliskapelle unter anderem mit einer Hufe in campis villae Northem. De Hof to Northem war nach Stedler zwischen 1376 und 1379 dem Stifte Wunstorf zinspflichtig. Daneben erscheinen im Lehnsregister des Bischofs Otto von Minden, zwischen 1385 und 1397, noch die Namensformen northum und northûm. Der Ort gehörte zum Archidiakonat Pattensen.

Beschreibung. Die einfache Fachwerkskapelle ist mit drei Seiten des Sechsecks geschlossen, hat ein auf drei Seiten mit glatten Kopfbändern überstehendes Dach und an dem nicht übergesetzten Westgiebel einen viereckigen Dachreiter, welcher in der Wetterfahne die Jahreszahl 1668 enthält. Der Innenraum schliesst mit einer mit Brettern belegten, geweissten Balkendecke ab; die Fenster sind rechteckig.

Ein spätgothischer, mit Gold und Farben behandelter, in neuerer Zeit renovierter Schnitzaltar zeigt in der Mitte und auf den beiden Flügeln biblische Darstellungen und Heiligenbilder, auf der Predella ein Gemälde, Christus und die zwölf Apostel und auf der Aussenseite der Flügel gemalte Figuren. Altar.

Redderse.

Kapelle.

Litteratur: H. Sudendorf, Urkundenbuch zur Geschichte der Herzöge von Braunschweig und Lüneburg und ihrer Lande VIII, Urk. 253 Anm.; W. von Hodenberg, Calenberger Urkundenbuch VII, Urk. 4, 30 bis 32, 39 und 40; Zeitschrift des historischen Vereins für Niedersachsen 1862, 180, 181, 240 und 241; Mithoff, Kunstdenkmale und Alterthümer im Hannoverschen I, 158; W. Stedler, Beiträge zur Geschichte des Fürstenthums Calenberg, 1. Heft, 28 und 39.

Redderse kommt zuerst 1230 vor. In diesem Jahre schenkt Bischof Konrad zu Minden dem Kloster Wennigsen den Zehnten zu Reddeffen. 1255 erscheint der Ort als Redeffen und um 1255 als Reddeffe. 1258 begegnet er in den Formen Reddefen, Redeffe und Reddiffen. Nach dem ums Jahr 1330 geschriebenen Verzeichniss gehörte er als Reddefe zu den 88 Ortschaften, welche Antheil am Deisterwalde hatten. Nach dem Calenberger Lagerbuch von 1601 bestand daselbst eine von Holz erbaute Kapelle, welche filia von Gehrden war. Geschichte.

Die erloschene Adelsfamilie von Redderse führte ihren Namen von dem Dorfe. Ein Volkwin de Redese ist 1196 Zeuge.

In Redderse steht eine einfache Fachwerkskapelle ohne Kunstformen, im Osten halbachteckig geschlossen, im Lichten 5,7 m breit, 10,3 m lang mit rechteckigen Fenster- und Thüröffnungen und einem Dachreiter am Westgiebel. Beschreibung.

Eine Glocke von 39 cm Durchmesser wurde nach der darauf befindlichen Inschrift im Jahre 1742 von Johann Taglieb in Hannover gegossen. Glocke.

Ricklingen.

Kapelle.

Litteratur: H. Sudendorf, Urkundenbuch zur Geschichte der Herzöge von Braunschweig und Lüneburg und ihrer Lande I, Urk. 184; II, Urk. 369 und 371; IV, Urk. 236; V, Urk. 85; W. von Hodenberg, Calenberger Urkundenbuch I, Urk. 6, 12 und 63; III, Urk. 729 und 730; VI, Urk. 3 und Anm. 4; C. L. Grotefend und G. F. Fiedeler, Urkundenbuch der Stadt Hannover, Urk. 4, 86, 164, 167, 232, 252, 263, 285, 288, 289, 311, 329, 338 und 365; Chr. U. Grupen, Corpus des geistlichen Lehnregisters II, 125; H. A. Lüntzel, die ältere Diöcese Hildesheim, 34; H. Böttger, Diöcesan- und Gau-Grenzen Norddeutschlands II, 118; W. Havemann, Geschichte der Lande Braunschweig und Lüneburg II, 23; Zeitschrift des historischen Vereins für Niedersachsen 1858, 1 bis 53; Mithoff, Kunstdenkmale und Alterthümer im Hannoverschen I, 159; W. Stedler, Beiträge zur Geschichte des Fürstenthums Calenberg, 1. Heft, 45.

Quellen: Verzeichniss der kirchlichen Kunstdenkmäler von 1896; Kgl. Staatsarchiv zu Hannover, Kloster Wennigsen, Urk. 416.

Geschichte. Ricklingen gehörte vormals mit Linden zum Archidiakonat Pattensen. In einer Urkunde des Mindener Bischofs Thetmar etwa vom Jahre 1186 werden der Mindener Kirche von der Edelfrau Mechtild von Ricklingen Güter zu Ricklingen „in mallo Conradi comitis in pago Selessen, in loco Salseken coram multis — — Angariae legis ac iuris peritis“ übertragen. Zwischen 1203 und 1213 überlassen Propst Bodo, Priorin H. und der Convent zu Barsinghausen dem Tydericus monetarius de hanouere und dessen Ehefrau auf Lebenszeit den Zehnten in Rikelinchufen. Nach der Bestätigungsurkunde vom Jahre 1216 besass das Kloster den Zehnten in Riclige. Daneben erscheint im Lehnsregister des Bisthums Minden, zwischen 1304 und 1320, Riclinghe, im Lehnsregister des Bischofs Gottfried von Minden, zwischen 1304 und 1324, Riclinghen, Riclingen und riclinge, 1348 Rikkelinge, 1372 Rickelingen und Rickelinghe, 1376 Riklinge und Riklinghe, 1488 Rickelinge.

Nach Grupen war das Dorf Ricklingen früher in Grossen- und Kleinen-Ricklingen getheilt. Jenes begegnet zuerst im Lehnsregister des Bisthums Minden, zwischen 1304 und 1320, und zwar als Groten Riclingen. 1327 lautet es Groten rickelinege oder Rickelinghen, 1329 Groten-Ridigen, im Lehnsregister der Herzöge Otto und Wilhelm zu Braunschweig und Lüneburg, zwischen 1330 und 1352, Groten-Ricklinge, 1343 Groten-Riclinghe, 1353 Groten Rickelinghe, 1354 major Rydinghe und 1355 Groten-Riclinge. Dieses wird 1302 zuerst genannt und zwar als Riclinghe minor. Daneben finden sich noch folgende Formen: 1347 Minor Riklinge, 1350 Lutteken Riclinghe und Rikkelinghe, und 1357 Minor Riclingen. Es lag „bouen dem Ypolle, vor dem Kisskampe“ unweit Ricklingen, nach Bornum hinwärts. 1519 wurden Ricklingen und Linden von Bischof Johann von Hildesheim und Heinrich von Lüneburg gebrandschatzt.

Es war einst Stammsitz der im XII. Jahrhundert ausgestorbenen Edelherren von Ricklingen, von welchen nur Tiedericus, 1140 bis 1152, mit seinen Söhnen Rembertus und Tidericus, 1164 bis 1170, bekannt ist.

Beschreibung. Die spätgothische, nicht mehr benutzte Kapelle, ist rechteckig, aus Bruchsteinen erbaut, auf den Kurzseiten mit abgewalmten Giebeln versehen und trägt im Westen einen Dachreiter. Die Rundbogenthüre der Südseite liegt in einer Spitzbogennische; an der Ostseite ist ein gekuppeltes Spitzbogenfenster in einem Halbkreise erhalten, die übrigen Fenster sind mit waagerechtem Sturz oder flachbogig geschlossen. Emporen befinden sich an der West- und theilweise an der Nordseite. Der Raum ist mit einer geputzten Balkendecke nach oben abgeschlossen.

Die jetzt in dem Thurm der neuen Kirche untergebrachte Glocke mit Glocke. 70 cm Durchmesser trägt am Halse unter einer Schnur die Inschrift in gothischen Minuskeln:

Anno · M° · CCCC° · LXXXIII · O · rex · glorie · xpe · vni · cv · pace.

(O rex gloriae Christe veni cum pace.)

Sie ist ausserdem mit zwei Hochbildern geschmückt.

Ronnenberg.

Kirche.

Litteratur: H. Sudendorf, Urkundenbuch zur Geschichte der Herzöge von Braunschweig und Lüneburg und ihrer Lande I, Urk. 184; VI, Urk. 109; VIII, Urk. 253 Anm.; IX, Urk. 215; W. von Hodenberg, Calenberger Urkundenbuch I, Urk. 270; VII, Urk. 80, 148, 149, 151, 155 und 156; C. L. Grotefend und G. F. Fiedeler, Urkundenbuch der Stadt Hannover, Urk. 86 und 140; Chr. U. Grupen, Origines et Antiquitates Hanoverenses, 114; H. A. Lüntzel, die ältere Diöcese Hildesheim, 4 Anm. 14; H. Böttger, Diöcesan- und Gau-Grenzen Norddeutschlands, 113 und 115; W. Havemann, Geschichte der Lande Braunschweig und Lüneburg I, 773; II, 510 und 511; Zeitschrift des historischen Vereins für Niedersachsen 1860, 4, 5, 31, 32 bis 34, und 43; 1863, 145, 146, und 159; Mithoff, Kunstdenkmale und Alterthümer im Hannoverschen I, 160 bis 162; W. Stedler, Beiträge zur Geschichte des Fürstenthums Calenberg, 1. Heft, 19, 28, 44 und 45; J. Meyer, die Provinz Hannover in Geschichts-, Kultur- und Landschaftsbildern, Hannover 1888, 785.

Quellen: Verzeichniss der kirchlichen Kunstdenkmäler von 1896; Kgl. Staatsarchiv zu Hannover, Kloster Barsinghausen, Urk. 324; Depositum des Fleckens Gohrden (10), Urk. 1; Kloster Wennigsen, Urk. 80, 134, 218, 221, 238 und 455; Calenb. Brief. Archiv Des. 7 Kloster Registratur Wennigsen, No. 8.

Ronnenberg ist vielleicht der älteste Ort im Deisterlande. Die alten Geschichte. Nachrichten sind verhältnissmässig reich. Bei dem Dorfe Runibergun besiegte ums Jahr 530 König Theoderich von Austrasien seinen Schwager, den Thüringer König Irminfried. Hier zu Ronnenberg hatte ums Jahr 1031 Wedekind I., Graf in den Gauen Hwetigo, Tilithi und Maerstem, eine Gerichtsstätte. Eine Kapelle hat daselbst bereits im XI. Jahrhundert bestanden. Wahrscheinlich ist sie zwischen 1038 und etwa 1078 erbaut worden. In capella que est in villa Runiberc gelobte Herzog Magnus nach 1076 oder 1078 dem Bischof Egilbert, ut fidelissimus tutor et defensor sit Mindensis ecclesiae. „Iuxta villam Runeberchen“ befand sich einer Urkunde des Mindener Bischofs Sigward (gestorben 1140) gemäss der mallus des Grafen Gerbert. Im Jahre 1291 genehmigt Bischof Volquin zu Minden den zwischen dem Propste B. in villa weninghiffen und dem plebanus H. der ecclefia fancti mychahelis in Runneberghe wegen einer Hausstelle zu Wennigsen nebst Länderei errichteten Vertrag. Neben Runneberghe begegnen im Lehnsregister des Bischofs Gottfried von Minden, zwischen 1304 und 1324, die Formen renneberghe, runneberge, und 1320 die

Form Runeberge. 1325 wird Laurencius plebanus in Rûneberghe genannt. Nach dem ums Jahr 1330 geschriebenen Verzeichniss gehörte es als Runneberghe zu den 88 Ortschaften, welche Antheil am Deisterwalde hatten. 1358 erscheint ludolf knicghe kerkhere to Rûnneberghen. 1359 ist von der kercke to Runneberghen die Rede. Im Jahre 1361 schenkt Graf Adolf von Holstein, Stormarn und Schauenburg dem ludolf knicghe kerkhere to rennebergen zu dem Altar in der Bonifaciuskapelle daselbst eine Kothe und zwei Hufen Landes zu veltzede. 1362 kommt die Schreibweise renneberghen vor. 1363 schenkt derselbe Graf Adolf auf Bitten des ludolf knicghe Rectoris Ecclesie in Rvnneberghen und des albert de Dotheberghen prefbyteri ad altare in Capella fancti Bonifacii iuxta eccleſiam in Rvnneberghen drei Kothen und zwei Hufen zu Leueſten. In demselben Jahre bestätigt Bischof Gerhard zu Minden die Verfügung, durch welche Ludolf Knigge, plebanus in Rûnneberghe die capella

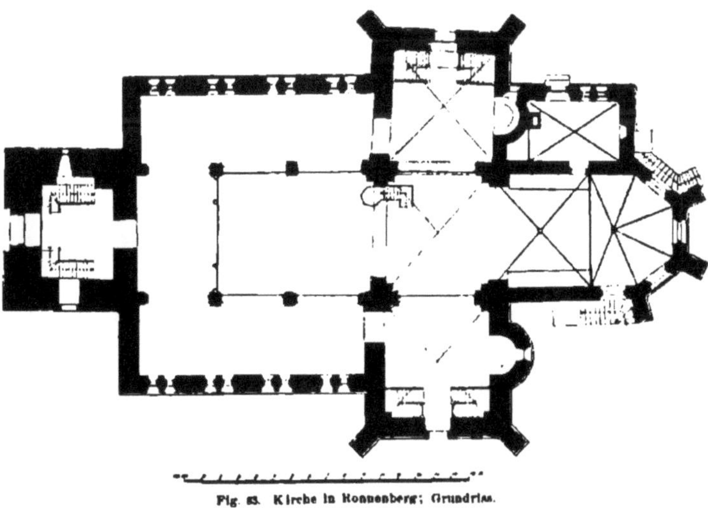

Fig. 83. Kirche in Ronnenberg; Grundriss.
1 : 300.

fancti Bonifacii in cimiterio Rvnnenberghe mit einem Theile des Vrygthofes in Runneberghen und Besitzungen in und beim Dorfe veltſtede dotiert habe. Im Lehnsregister des Bischofs Otto von Minden, zwischen 1385 und 1397, lautet die Namensform Runnebergen, 1403 Ronneberghe. 1463 wird Johannes Vincke als perpetuus vicariuf Capelle fancti Bonifacii in Runneberghe bezeichnet. Im Jahre 1466 verlegte Wilhelm der Aeltere das bis dahin in dem Baumgarten vor Lauenrode gehaltene höchste Landgericht zwischen Deister und Leine nach

Ronnenberg. In einer Urkunde des Jahres 1517 kommen neben einander vor Runneberg, Runnenberg und Ronnenberg. 1522 verpfändet Herzog Erich von Braunschweig und Lüneburg dem Jost und Tönnies von Süersen „unsse dorpe Gerden, Wetzen und Runneberghen". 1547 war Konrad Dumen paſtor und parher tho Runnenberghe. In „des cloſters wenningſſen hüſsregiſter" vom Jahre 1551 erscheint der Ort als Rünnenbarge. Das Patronatsrecht über die S. Bonifaciuskapelle in Ronnenbergh stand nach dem corpus bonorum et onerum des Stiftes und Klosters Wennigsen vom Jahre 1644 dem Kloster zu. Eine als

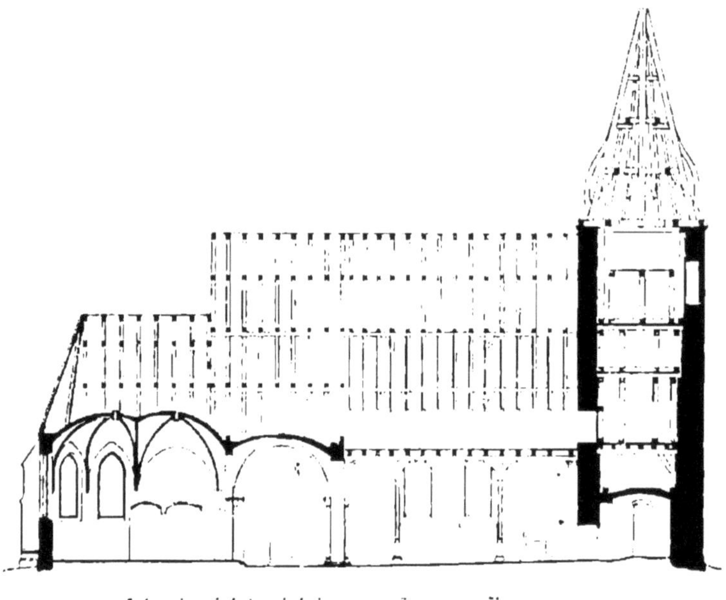

Fig. 64. Kirche in Ronnenberg; Längenschnitt.
1 : 300.

alt und baufällig bezeichnete Kapelle auf dem Kirchhofe wurde 1660 mit Bewilligung des fürstlichen Konsistoriums abgebrochen. Die dem heiligen Michael geweihte Kirche ist ursprünglich als romanische Basilika mit Querschiff und Thurm erbaut; sie erhielt im XV. Jahrhundert einen spätgothischen Chor und erfuhr an einzelnen Theilen des Querschiffes und Thurmes bauliche Veränderungen, welche heute noch vorhanden sind. Das romanische Langhaus wurde in späterer Zeit ebenfalls umgebaut; über seinen Zustand, welcher im

Jahre 1876 vollständig geändert wurde, geben die von Hase gefertigte Aufnahme (Fig. 63 und 64) und Mithoff Auskunft. Letzterer beschreibt dasselbe wie folgt: „Das von einem mächtigen Dache überragte Langhaus der Kirche ist gänzlich umgestaltet und bildet jetzt einen einzigen Raum mit flacher, nur durch einige Holzpfeiler unterstützter Decke, während dasselbe früher, nach den Kämpfergesimsen an der Westseite der Vierungspfeiler und damit korrespondirend an der Ostwand des Thurmes zu schliessen, zwei Arkadenreihen zur Trennung der Schiffe gehabt hat. Der südliche Eingang hier ist im Spitzbogen, der nördliche

Fig. 65. Kirche in Ronnenberg.

im Stichbogen geschlossen, zu beiden Bögen sind gegliederte Mauerziegel genommen, die sonst an dem ganzen, aus quaderartigem Mauerwerke aufgeführten Bau nicht vorkommen.“ Die Gewölbe der Kirchenschiffe sollen durch den Sturz der Thurmspitze zerschlagen worden sein, die Giebel an den Enden des Kirchendaches bestanden aus Fachwerk.

Der letzte umfangreiche Umbau der Kirche fand 1876 durch Hase statt. In dem Grundriss (Fig. 63) sind diejenigen Theile, welche hiervon berührt wurden, schraffiert, die alten Theile schwarz dargestellt. Damals wurde das

Langhaus fast vollständig erneuert und gegen die alte Anlage (Fig. 64) bedeutend erhöht. Das nördliche und südliche Querschiff erhielten Emporen mit Zugangstreppen im Anschluss an die Emporen des Langhauses, auf den beiden Langseiten des Chores wurden ebenfalls zwei neue hölzerne Emporen ausgekragt, welche ihre Zugänge von aussen haben; das Querschiff wurde im Mauerwerk erhöht und mit einem neuen Dache versehen. Im Uebrigen erstreckten sich die Erneuerungen auf den Eingang im Thurm und die Einfassungen der Querschiffsthüren. An Stelle der beiden rundbogigen Durchgänge nach dem Thurme wurde ein solcher angebracht und in die Mittelaxe des Gebäudes gelegt.

Beschreibung.

Die Kirche (Fig. 63 und 65) besteht aus Chor, Querschiff, dreischiffigem Langhaus, Westthurm und Sakristei zwischen Chor und nördlichem Querschiff; sie ist massiv aus Bruchsteinen und Quadern erbaut und im Inneren geputzt.

Chor.

Der spätgothische Chor ist mit drei Achteckseiten geschlossen, hat vier spitzbogige Fenster ohne Maasswerk, Gewölbe mit Hohlkehlrippen und im östlichen Schlussstein ein agnus dei, im zweiten die Minuskelinschrift: Anno. dñi. M. CCCC. LXXIIII.

Die Strebepfeiler sind mit Pultdächern und mit Hohlkehlenhaupt- und Hohlkehlengurtgesims versehen; der südöstliche derselben zeigt ebenfalls die zuletzt erwähnte Inschrift. Unter dem mittleren Chorfenster befindet sich aussen eine kleine rechteckige Nische mit einer Umrahmung aus Fasen und Hohlkehle. Auf der Nord- und Südseite sind zwei hölzerne Emporen mit Zugängen von aussen ausgekragt, deren nördliche einen rundbogig geschlossenen Durchgang mit alten, schweren romanischen Kapitälen enthält. Die Kapitäle lagen früher zerstreut umher und wurden später hier eingesetzt (Fig. 66).

Fig. 66. Kirche in Ronnenberg; Thüre.

Querschiff.

Das romanische Querschiff ist mit drei rippenlosen Kreuzgewölben aus Bruchsteinen überdeckt und östlich mit zwei halbrunden Absiden versehen, deren südliche heute noch die aus Quadern hergestellte Halbkuppel auch auf der Aussenseite (ohne Dach) zeigt. Von den beiden später hinzugefügten

Strebepfeilern der Nordseite enthält einer die Jahreszahl 1464, die Pfeiler der Südseite sind in neuerer Zeit angebaut. Die Vierungsbögen sind Halbkreise, haben rechteckigen Querschnitt und sitzen auf einfachen Kämpfern; an den im Grundriss angegebenen Stellen befinden sich Ecksäulen mit Kapitäl und Basis (vergl. den Längenschnitt Fig. 64). Die Fenster in der Nord- und Südwand stammen aus gothischer Zeit, sind spitzbogig und mit einer Hohlkehle zwischen zwei Fasen profiliert. Die neuen hölzernen Emporen ruhen auf Flachbogen. Die beiden Thüren hatten nach Mithoff vor dem letzten Umbau die einfache romanische Form und enthielten im Bogenfelde je ein gleichschenkeliges, auf kleinem Halbkreise ruhendes Kreuz. Dasjenige der Nordseite ist noch vorhanden, das der Südseite dagegen, welches auf den beiden Querarmen je ein Dreiblatt mit kurzem Stil trug, später über dem Eingang zur Sakristei verwerthet worden.

Langhaus. Das durch Hase fast ganz neu errichtete Langhaus ist eine dreischiffige, mit flachen Holzdecken versehene Basilika mit Emporen in den Seitenschiffen und dem Westjoch des stark in die Höhe gezogenen Mittelschiffes. Vier freistehende, durch Bögen verbundene Pfeiler trennen die drei Schiffe. In den Langseiten sind zwei Fensterreihen übereinander: unter den Emporen sind je zwei, über denselben je ein rundbogiges Fenster in tiefen Schrägen für jedes Joch angebracht. Ein alter Thürsturz mit zugehörigen Gewänden hat neuerdings an der Westseite des Langhauses Platz gefunden. Eine Mandorla im Sturz zeigt das agnus dei mit Kreuz und zwei Vögeln; zwei weitere Vögel auf Ungethümen finden sich an den Seiten. An den Gewänden sind aus Thieren herauswachsende Ranken, zwischen denselben wiederum Vögel, angebracht. Alle Verzierungen sind in den Stein vertieft gearbeitet (Fig. 67). An der Südseite des Langhauses befindet sich ein Stein mit den Buchstaben H. K., der Zahl 1·5·5·9· und den Buchstaben H. H. Ueber und neben demselben sah Mithoff an seiner früheren Stelle am alten Langhause je eine steinerne Kugel eingemauert.

Fig. 67. Kirche in Ronnenberg; Thüre.

Thurm. Der fast quadratische, massige Westthurm steht jetzt durch eine rundbogige Oeffnung mit dem Schiff in Verbindung und hat einen Eingang im Westen. Die spätgothische Thurmthüre im Süden ist noch vorhanden, sie hat einen waagerechten Sturz auf vorgekragten Steinen. Als Schallöffnungen sind auf der West- und Nordseite je zwei nahe aneinander gerückte Spitzbogen mit Nasen, auf der Südseite ein Spitzbogen angebracht, welche dem XV. Jahrhundert angehören. Auf dem Mauerwerk erhebt sich ein achtseitiger, späterer Schieferhelm, welcher im unteren Theile geschweift ist. Ueber der neuen Westthüre ist eine kleine gothische Nische mit einem stark verwitterten Brustbilde Christi angebracht, darüber ein gothisches Kreuz.

Die gothische Sakristei hat ein rechteckiges Kreuzgewölbe mit Hohlkehlrippen ohne Schlussstein auf Konsolen und auf der Ostseite ein spitzbogiges Fensterchen mit Hohlkehlenprofil und Nasen; die beiden Rundbogenfenster stammen aus dem Jahre 1876. Auf der Ostseite ist ein romanisches Bogenfeld eingemauert, welches mit Laubwerk umgeben ist und in der Mitte ein Kreuz zeigt, wahrscheinlich auch ein Rest des ehemaligen romanischen Langhauses. Sakristei.

Auf dem steinernen Altartisch steht ein geschnitzter Altar in spätgothischen Formen, welcher mit Ausnahme des Aufsatzes alt und als das Mittelstück eines Triptychons anzusehen ist. Das Holzwerk ist farbig und mit Gold behandelt. In der Mitte sehen wir Christus mit erhobener Rechten und mit der Weltkugel in der Linken, neben ihm zur Rechten die gekrönte Jungfrau Maria, welche die Hände zum Gebet erhoben hat; beide sind sitzend auf einem Throne dargestellt. Zu beiden Seiten befinden sich je zwei Heilige unter ausgekragten gothischen Bögen. Der Hintergrund ist vergoldet. Die Predella enthält in der Mitte eine Darstellung des heiligen Abendmahles, geschnitzt, von einem anderen Werke stammend und hierher übernommen; rechts steht ein Bischof, links die Mutter Gottes mit dem Kinde. Im Aufsatze befindet sich der Gekreuzigte. Die Altarplatte birgt in einer ausgearbeiteten Oeffnung eine kleine Urne mit geringen Reliquienresten und ein Siegel in Mandorlaform. Altar.

Fig. 68.
Kirche in Ronnenberg; Altarleuchter.

Zwei schwere Altarleuchter aus Bronze sind mit Inschriften und Jahreszahlen versehen (Fig. 68). Der erste trägt am Fusse die Lapidarinschrift: Altarleuchter.

Hans . Wolfhagen . Margreta . Seigels . Anno . 1.5.9.5.,

der zweite die Worte:

Petrvs . Reckeler . Katarina . Meiers . Annno . 1.5.9.5.

Ausserdem befindet sich an jedem Leuchter ein Wappenschild, auf welchem die Namen der Stifter wiederholt sind. Der zweite hat ausserdem die Inschrift:

Dat . Blodt . Jesv . Christi . reiniget . vns . von . allen . vnsen . Svnden.

Epitaphe. Das Epitaphium des Superintendenten Wichmann Schulrabius und seiner Frau hängt auf der Nordwand im Chore. Unter einem Bogen mit der Inschrift:

Domine Jesv . fili David . miserere nostri .

sehen wir den Gekreuzigten und die knieenden Figuren der beiden Verstorbenen. Der Stein ist farbig behandelt, enthält an den Ecken die Zeichen der Evangelisten und die Umschrift in Lapidaren:

Aō Chrī 1609 reverend . et doctissim . dñs . Wichmann . Schvlrabi . ecclesiae roñebergēsis pastor et territorii Calēbergēsis specialis superintēdens, nat. Aō 1549 die 5. jvnii: ejvsque conjunx dilectissima, Catharina de Nenneken, nata Aō . 1551 . die . 14 . jvnii . in spem resvrrectionis hoc monvmentvm sibi ipsis svperstites posvervnt.

Der Innenraum unter dem Bilde trägt ausserdem noch eine lange Inschrift.

Ferner hängen im Chore zwei Epitaphieen mit den grossen gemalten Portraits der Superintendenten Kotzbue vom Jahre 1733 und Gesenius vom Jahre 1763. Aussen an der Kirche ist ein Stein ohne Bildwerke aus dem XVII. Jahrhundert und der Stein des Superintendenten Anton Christoph Struben vom Jahre 1698, ebenfalls ohne weiteren Schmuck, eingemauert.

Glocken. Im Thurme hängen vier schöne und interessante Glocken, darunter zwei gothische, sämmtlich mit dem Namen des Glockengiessers und dem Jahre der Herstellung versehen. Die kleinste derselben hat 66 cm Durchmesser und am Halse die einzeilige Inschrift in gothischen Minuskeln:

anno dñi • M • CCCC • XCVI • margareta hethe yck • busse jacobes goeth myk.

Zu Anfang der Inschrift steht ein Kreuz, am Ende sind vier über Eck gestellte Rosetten angebracht; auch bei • befindet sich jedesmal eine Rosette. Ueber der Inschrift ist eine Schnur, unter derselben ein Spitzbogenfries angebracht, die Oehre haben nach der Innenseite einen halbrunden, nach aussen den Querschnitt eines halben Sechsecks. Unter dem Friese finden sich an einer Stelle fünf ringförmige Erhebungen nach nebenstehender Figur: ꝏ

Die zweite Glocke hat Schnur, Fries und Oehre wie die erste, einen Durchmesser von 88 cm und am Halse die einzeilige Minuskelinschrift:

anno • dñi • M • CCCC • nonagesimo sexto • katerina hethe yck • bvsse jacobes ghoet myck •.

Die Schrift beginnt wieder mit einem Kreuz und schliesst mit sechs Rosetten • •⁑• •. Unter dem Friese sind zwei ringförmige Erhebungen, am Kranze eine solche angebracht.

Die dritte Glocke, mit 127 cm Durchmesser, ist am Halse mit einem reichen, doppelten Rankenfries umgeben, in welchem die Worte stehen:

godt alein zu Ehren.

In der Mitte der Glocke befindet sich ein grosses Hochbild, Christus mit erhobener Rechten, in der Linken die Weltkugel, und auf der Rückseite die dreizeilige Inschrift:

Das gesampte Kirchspiel Ronnenberg hat mich giessen lassen.

Der Kranz ist mit einem schmalen Rankenfries umzogen, welcher von den Worten unterbrochen wird:

M. Ludolff Siegfriedt hat mich alhie gegossen im Jar Christi MDCL mens april.

Alle Inschriften sind in Lapidaren gegeben.

Die vierte Glocke, mit einem Durchmesser von 153 cm, hat am Rande einen reichen Rankenfries und in demselben die zweizeilige Inschrift:

Psalm 95 kompt herzu lasset uns dem Herren frolocken und jauchzen dem Hort vnsers Heils lasset uns mit dancken fur sein angesichte kommen vnd mit Psalmen ihn jauchzen denn der Herr ist ein grosser Godt vnd ein grosser Konig uber alle Gotter.

In der Mitte steht wieder eine dreizeilige Inschrift und ein Hochbild wie vorhin angegeben; der Ornamentstreifen am Kranze wird von der Inschrift unterbrochen:

M: Ludolff Siegfried hat mich alhie zvm Ronnenberge gegossen im Jar Christi MDCL mens april.

Am Aeusseren der Kirche sind mehrere Grabsteine eingemauert, unter diesen ein gut erhaltener Stein mit dem Bilde eines Geharnischten und der Lapidarumschrift: Grabsteine.

Ao: 1591. den 22 Octob: mittages. vmb. 11 vre. ist der ehr vnd achtb: Erich Siegel. Hogreve zu Benthe. 31 Jar. in Godt sehlig entslafen. sines Alters 54 Jar. der Selen Got gnedig.

Innerhalb derselben steht eine zweite Umschrift:

Christvs ist mein Lebent, sterbe ist mein Gewin darvmb lebe ich ob ich schon gestorben bin. Phil. 1.

Der oberste Fries trägt die Worte:

spes mea est Christvs.

Ein anderer Grabstein vom Jahre 1626 zeigt eine stehende weibliche Figur, der Stein des 1579 verstorbenen Bvrchartt von Hanensehe zeigt die männliche Figur im Harnisch und ist zum Theil zerstört; an den Ecken befinden sich vier Wappen.

Die neue Kanzel steht auf einem Fusse, welcher aus einem alten, schweren romanischen Kapitäl gebildet ist. Kanzel.

Ein Kronleuchter aus Messing gehört laut Inschrift dem Jahre 1704 an. Kronleuchter.

Neben dem Altare steht ein achteckiger Taufstein in den Formen des XVII. Jahrhunderts, eine gute Arbeit. Das Becken ist aussen mit Bibelsprüchen und Engelsköpfen versehen, der Fuss ist neu. Taufstein.

Seelze.

Kirche, Denkmal.

Litteratur: H. Sudendorf, Urkundenbuch zur Geschichte der Herzöge von Braunschweig und Lüneburg und ihrer Lande I, Urk. 184; VI, Urk. 109 und 118; X, Urk. 12, Anm. 2; W. von Hodenberg, Calenberger Urkundenbuch I, Urk. 10; III, Urk. 49, 50, 87 und 348; VI, Urk. 1; C. L. Grotefend und G. F. Fiedeler, Urkundenbuch der Stadt Hannover, Urk. 443; Merian, Topographia und Eigentliche Beschreibung der Vornembsten Stäte, Schlösser auch anderer Plätze und Oerter in denen Hertzogthümern Braunschweig vnd Lüneburg, und denen dazu gehörenden Grafschafften, Herrschafften und Landen, Frankfurt 1654, 55; H. Böttger, Diöcesan- und Gau-Grenzen Norddeutschlands II, 118 bis 120; Chr. U. Grupen, Origines et Antiquitates Hanoverenses, 113; W. Havemann, Geschichte der Lande Braunschweig und Lüneburg II, 642; Mithoff, Kunstdenkmale und Alterthümer im Hannoverschen I, 168; W. Stedler, Beiträge zur Geschichte des Fürstenthums Calenberg, 1. Heft, 19 und 23; W. Leverkus, Urkundenbuch des Bisthums Lübeck I, Oldenburg 1856, No. XIII; Hannoversches Magazin, 1830, No. 1 und No. 2, 9—14; Zeitschrift des historischen Vereins für Niedersachsen, 1865, 419.

Quellen: Verzeichniss der kirchlichen Kunstdenkmäler von 1896; Kgl. Staatsarchiv zu Hannover, Kloster Marienwerder, Urk. 178 und 237.

Geschichte. Die Nachrichten über Seelze reichen in eine sehr frühe Zeit hinauf. Hier hatte bereits ums Jahr 1031 Wedekind I, Graf in den Gauen Hweliga, Tilithi und Maerstem, wie in Ronnenberg eine Gerichtsstätte. In einer Urkunde des Mindener Bischofs Thetmar, 1185—1206, werden der Mindener Kirche von der Edelfrau Mechtild von Ricklingen Güter zu Seelze „in mallo Conradi comitis. in pago Selessen, in loco Salseken coram multis — — Angariae legis ac iuris peritis“ übertragen. Gemäss einer ums Jahr 1216 geschriebenen Notiz dotiert Graf Konrad von Roden die von ihm gestiftete Klosterkirche zu Marienwerder unter anderem mit drei Hufen in ſelleſe. 1276 erscheint Reynhardus Canonicus maioriſ Eccleſie in Mynda, et plebanus in Selſe. Dieselbe Namensform begegnet schon 1241; und 1358 lautet sie zeleſſe. 1367 ist Bertoldus de Ghoddenstede plebanus in Zelece. 1377 verpflichtet sich Graf Ludolf von Wunstorf, dem Bischofe und dem Stifte Hildesheim mit Bewilligung des Kaisers neben anderem die Go to zeltſe auf ewig zu überlassen. In dem Streite zwischen dem Herzoge Albrecht von Sachsen und Lüneburg und den von Mandelsloh im Jahre 1385 klagen diese jenen an, dass er unter anderem dat dorp to tzelſe de kerken vnde kerchoff geſchint vnde gebrand, also mit Feuer verwüstet habe. Im Lehnsregister des Bischofs Otto von Minden, zwischen 1385 und 1397, kommt die Schreibweise Sölſſe vor. 1476 war her Diderik kerkher to zelſe.

Bei Seelze warf sich Tilly im Jahre 1625 mit 10000 Mann auf die vom Herzoge Friedrich von Altenburg befehligten dänischen Reiter. Letztere unterlagen. Friedrich selbst wurde auf der Leinebrücke getötet. Obentraut, welcher zur Unterstützung der Ueberfallenen herbeigeeilt war, geriet schwerverwundet in die Hand des Feindes, woselbst er mit den Worten „Auf solchen

Wiesen bricht man solche Rosen!“ im Arm eines Offiziers verschied. Sein Banner und seine Rüstung wurden später in der Marktkirche zu Hannover aufgehängt.

Die im Jahre 1767 erbaute, aussen glatt geputzte Saalkirche ist mit hölzernen Emporen an der Nord-, Süd- und Westseite ausgestattet. Der Grundriss zeigt das Rechteck mit angebauter Sakristei im Osten und einen Westthurm. Beschreibung.

Das aus Bruchsteinen erbaute Schiff besitzt Sandsteinsockel, Ecklisenen und hölzernes Hauptgesims; auf den Langseiten befinden sich je fünf, flachbogig geschlossene, mit glatten Sandsteingewänden eingefasste Fenster; unter den mittleren ist je eine Eingangsthüre angeordnet. Schiff.

Drei Fenster nebst Thüre an der Ostseite zeigen dieselbe Ausführung. Das mit Pfannen gedeckte Satteldach ist abgewalmt. Die geputzte Holzdecke ist über den Emporen waagerecht und im mittleren Theile spitzbogig geschlossen.

Ueber der Thüre des viereckigen Thurmes befinden sich die Jahreszahlen 1767 und 1876 in einem gekuppelten Fenster. Die drei rundbogig geschlossenen Schallöffnungen haben, wie die übrigen Fenster, glatte Sandsteingewände. Der obere Theil des Thurmes, welcher einen achteckigen, mit Schiefer gedeckten Helm und vier Eckthürmchen trägt, ist von Hase im Jahre 1876 erneuert. Thurm.

An der Nordseite liegt das Grabgewölbe der Familie von Hugo; im Thürsturz steht die Lapidarinschrift:

Conrad · von · Hugo · Maria · Emerentzia · von · Konerdieng ·	Anno 1758	Christopher · Hinrich · von · Hugo · Dorothea · Sara · von · Rahmdorn

Darüber sind zwei Wappen angebracht, dasjenige links vom Beschauer bezeichnet: Anno 1704.

Die aus Holz hergestellte, in die Altarwand eingebaute Kanzel, stammt wie die erstere aus der Mitte des XVIII. Jahrhunderts. Altar. Kanzel.

Beim Umbau der Orgel sind die alten Theile des Prospektes von Hase wieder benutzt.

Zwei Altarleuchter von Zinn in den Formen der Fig. 2 tragen den Namen der Stifterin und die Jahreszahl 1769. Altarleuchter.

Eine 109 cm im Durchmesser grosse Glocke trägt am Halse zwischen zwei Ornamentstreifen eine siebenzeilige Inschrift und am Rande den Namen des Giessers „Joh: Heinr: Christ: Weidemann in Hannover 1756“. Die andere 130 cm im Durchmesser grosse Glocke hat am Halse eine sechszeilige Inschrift, im Uebrigen stimmt dieselbe mit der vorhergehenden überein. Glocken.

An der Ostseite der Kirche ist ein gut erhaltener Grabstein in spätromanischen Formen eingemauert (Fig. 69). Derselbe zeigt in der Gliederung eine flache Nische, welche oben und unten durch einen Kleeblattbogen geschlossen wird. Auf dem unteren erhebt sich ein Stab, welcher aller Wahrscheinlichkeit nach ein gleicharmiges Kreuz getragen hat; die fehlenden Querarme Grabsteine.

scheinen später entfernt zu sein. Eine in Majuskeln ausgeführte Inschrift lautet aufgelöst:

Mhethildis Uxor Hermanni de Lona nobilis viri filia sororis Tiderici Lubecensis episcopi. Gema uenustatis et gloria nobilitatis Evesa viva fuit omnibus. hinc placuit. dives et ipsa satis opus excoluit pietatis quosque fovens inopes distribuebat opes quique vides monimentum quique legis monimentum quique dic votis precibvs huic miserere deus.

Fig. 69.
Kirche in Seelze; Grabstein.

Ein dominus h. de lon, nach Hodenberg Hermannus, begegnet in einer vor 1216 ausgestellten Urkunde, und als hermannus ausgeschrieben in zwei Urkunden vom Jahre 1225. Die Herren de lon waren in Seelze begütert.

Dem „Theoderico lubicensi episcopo", gestorben 23. August 1210, sicherte Papst Clemens III. am 25. September 1188 seinen Schutz zu.

Kelch. Ein silberner Kelch mit Sechsblattfuss hat daselbst auf einem Bogenstücke ein eingraviertes Kreuz, auf den anderen fünf Bögen je ein Spruchband, in welchem sich die Worte in Lapidarschrift befinden:

Calix · Sanctvs · Antoni · Ihesvs · Maria.

Der Nodus trägt auf sechs vortretenden Feldern in gothischen Minuskeln den Namen Ihesvs. Der Kelch stammt aus der gothischen Zeit, was auch aus der Form der Kuppa hervorgeht.

Die Patene hat den vertieft gearbeiteten Vierpass und am Rande das Weihkreuz.

Taufstein. Ein achteckiger Taufstein mit neuem Fuss, aus der Zeit der Kirchenerbauung stammend, trägt auf einer Seite die Figur Johannes des Täufers mit der Beischrift „Johañis Babista", auf weiteren fünf Seiten die Figuren und Namen der fünf Erzengel: Michael · Vriel · Jeremiel · Rapuhel und Gabriel; auf der siebenten Seite finden wir eine Frau mit einem Kinde auf den Armen mit der Beischrift: „Marci · am 10." und zuletzt die Wappen und Namen der Spender:

Hans Rotermundt, Anna Margreta Lampfers.

Sämmtliche Buchstaben sind Lapidare.

Obentraut-denkmal. An der nach Hannover führenden Strasse dicht bei Seelze steht das Denkmal des Generals von Obentraut, welcher dort gefallen ist. Dasselbe bildet eine vierseitige, aus Quadern erbaute Pyramide, die auf einer untergelegten Sandsteinstufe errichtet wurde. Das Denkmal hat einen zwei Schichten hohen, profilierten, senkrechten Sockel; den oberen Abschluss bildet ein mit einer Steinkugel und eisernem Kreuz versehene, profilierte Bekrönung. An der

Nordseite befindet sich unter dem Wappen des Generals eine trapezförmige Sandsteinplatte und auf derselben die Lapidarinschrift:

Deo.
O. M. S.
Hoc Monvmentvm Intrepido
Nobilissimo Ac Heroi Dño Ioh: Mich:
Aeli Ab Obentravt Eq: Rhenan: Regiae
Dan: cct. Maiest C4 Eqvi:
Tvm Locvm tenenti Generali Qvi Hic Die Martis 25.
8br: Ao: 1625 Fortiter Pro Patr: Et Libert · Occvbvuit · F · F ·

Hierunter befindet sich das Meisterzeichen des Bildhauers Jeremias Sutel aus Northeim.

Sieben Trappen.

Gedenksteine.

Litteratur: D. E. Baring, Beschreibung der Lauensteinschen Saale, 1744, 73, und Hannöversche Kirchen- und Schulhistorie, 1748, Vorrede, 89; W. Stedler, Beiträge zur Geschichte des Fürstenthums Calenberg, 1. Heft, 21 und 25; Zeitschrift des historischen Vereins für Niedersachsen 1862, S. 169 bis 171, woselbst auf einer besonderen Tafel eine vom Oberlandbaumeister Vogell angefertigte Zeichnung der Steine und ihres früheren und jetzigen Standortes; Mithoff, Kunstdenkmale und Alterthümer im Hannoverschen I, 35 und 36; Vermehrter Curieuser Antiquarius, Hamburg 1720, 675; Kuhn und Schwarz, Norddeutsche Sagen, Leipzig 1848, 253.

Hier war die alte Benther Gerichtsstätte, welche zugleich mit der zu Goltern im Jahre 1446 mit der Grafschaft Wunstorf in den Besitz des Herzogs Wilhelm von Braunschweig und Lüneburg kam. Die sieben Trappen liegen dicht bei Benthe, an der Heerstrasse Hannover-Nenndorf. Die Sage erzählt, dass hier einst ein Bauer, welcher seinem Knechte den Lohn vorenthalten, erklärte, er habe den Lohn bezahlt und wolle in die Erde versinken, wenn es nicht wahr sei. Beim Abgang sank er mit jedem Schritte tiefer und bei dem siebten in die Erde. Die sieben Trappen waren bis zur Verkoppelung der Benther Feldmark im Jahre 1857 noch vorhanden, sie wurden jährlich unterhalten und erneuert. Die erste Trappe war flach, jede folgende tiefer, die siebte bildete ein förmliches Loch. Neben den Trappen standen 7 Steine, welchen schon früher ein achter hinzugefügt war; diese wurden 1857 von Benthe ungefähr 10 Schritt weiter abgerückt und am Graben der Strasse entlang aufgestellt. Auf den einfachen Steinen, wie sie an Unglücksstellen aufgestellt zu werden pflegten, sind Kreuze eingemeisselt, welche zum Theil gothische Formen zeigen und an einzelnen Steinen in einem Vierpass oder einem Kreise sitzen. Eine Urkunde des Jahres 1474 erwähnt ein Stück Land mit der Bezeichnung „bei den sieven Crucen".

Sorsum.

Kapelle.

Litteratur: H. Sudendorf, Urkundenbuch zur Geschichte der Herzöge von Braunschweig und Lüneburg und ihrer Lande I, Urk. 184; VIII, Urk. 259 Anm.; W. von Hodenberg, Calenberger Urkundenbuch VII, Urk. 2, 105 und 131; H. Böttger, Diöcesan- und Gau-Grenzen Norddeutschlands II, 115; W. Stedler, Beiträge zur Geschichte des Fürstenthums Calenberg, 1. Heft, 26 und 42; Zeitschrift des historischen Vereins für Niedersachsen 1860, 37 und 38.

Quellen: Verzeichniss der kirchlichen Kunstdenkmäler von 1896; Kgl. Staatsarchiv zu Hannover, Kloster Wennigsen, Urk. 115, 185, 359, 398, 415, 436, 441, 465 und 471; Hann. Des. 75 V B 1a No. 1; Calenb. Brief. Archiv Des. 7 Kloster Registratur Wennigsen, No. 8.

Geschichte. Zu den „predia in occidentali parte fluminis quod Leina dicitur sita", welche Bischof Sigward zu Minden bald nach seiner Erwählung und jedenfalls vor dem Jahre 1129 an sein Domstift schenkte, gehörte auch ein vorewerc in Suthrem, dem heutigen Sorsum. 1226 begegnet es als futheren. In diesem Jahre dotiert Heinrich, Herzog von Sachsen und Pfalzgraf bei Rhein, die Kirche ſancte Marie et ſancti petri zu Wennigsen mit einer Hufe Landes zu futheren. Im Lehnsregister des Bischofs Gottfried von Minden, zwischen 1304 und 1324, lautet die Namensform Sotteren, 1313 Sotherem und Suthtrem. Nach dem ums Jahr 1330 geschriebenen Verzeichniss gehörte der Ort als Sofferom zu den 88 Ortschaften, welche Antheil am Deisterwalde hatten. 1332 überlässt Ritter Hugo von Goltern dem Stifte Wennigsen das Rodeland im Felde vor Sofferum. 1350 verkauft Johan van Rintelen, Bürger zu Hannover, den menen buren to Zocerem en luttech landen dat leghet in der menen weide to zocerem. Im XV. und XVI. Jahrhundert kommt der Ort in folgenden Formen vor: 1408 ſoſerum, 1454 Soffrum, 1487 Sorffem, 1518 Sofferm, 1525 ſofferem, 1560 Soffem, 1581 Sorfem. Nach einem Aktenstück vom Jahre 1591 war die Kapelle zu Sorsumb filia von Wennigsen und das Kloster Patron. Dieselbe Schreibweise erscheint auch im corpus bonorum et onerum des Stiftes und Klosters Wennigsen vom Jahre 1644.

Beschreibung. Hier steht jetzt eine kleine spätgothische Kapelle aus Bruchsteinen, rechteckig, im Osten nach dem halben Achteck geschlossen und mit einem Dachreiter im Westen. Die Ostseite hat ein gekuppeltes Fenster mit zwei Spitzbögen und einem Hohlkehlprofil, welches auch an der Bank herumgeführt ist; in den Schrägseiten sitzt je ein rechteckiges Fensterchen. An der Südseite befindet sich der spitzbogige Eingang mit Fasen zwischen zwei modernen Rundbogenfenstern. Der Westgiebel besteht im oberen Theil aus Fachwerk und setzt hier über. Die vier Ecken des Achteckes sind mit Strebepfeilern besetzt, welche durch ein Hohlkehlgurtgesims unterbrochen werden. Die Decke wird von Balken getragen und ist geputzt.

Altar. Am Altar einige Reste aus spätgothischer Zeit.

Stemmen.

Kirche. Herrenhaus.

Litteratur: H. Sudendorf, Urkundenbuch zur Geschichte der Herzöge von Braunschweig und Lüneburg und ihrer Lande I, Urk. 184 und 185; VI, Urk. 109; VIII, Urk. 253 Anm.; W. von Hodenberg, Calenberger Urkundenbuch V, Urk. 66 und 67; IX, Urk. 192; Mithoff, Kunstdenkmale und Alterthümer im Hannoverschen I, 171; W. Stedler, Beiträge zur Geschichte des Fürstenthums Calenberg, 1. Heft, 28, 34 und 35.

Quellen: Verzeichniss der kirchlichen Kunstdenkmäler von 1896; Stemmer Kirchenbuch von 1746; Kgl. Staatsarchiv zu Hannover, Kloster Mariensee, Urk. 66; Hann. Des. 83 Consist. Hann. Kirchenrechnungen von Goltern.

Geschichte.

Stemmen begegnet in einer 1257 oder 1258 ausgefertigten Urkunde als ſtemma. Im Jahre 1258 verkaufen Adelheid, früher Gräfin von Ravensberg, ihr Sohn Graf Otto, sowie der Edelherr Ludolf von Dassel dem Kloster Mariensee ihren Hof in ſtemnen. Die Schreibweise ſtemne erscheint im Lehnsregister des Bischofs Gottfried von Minden, zwischen 1304 und 1324, und in einem Verzeichniss über die Leistungen der Höfe des Domkapitels und des Bischofs zu Minden an dieselben, vom Ende des XIII. oder Anfang des XIV. Jahrhunderts. Nach dem ums Jahr 1330 geschriebenen Verzeichniss gehörte es als Stemne zu den 88 Ortschaften, welche Antheil am Deisterwalde hatten. Im Lehnsregister des Bischofs Otto von Minden, zwischen 1385 und 1397 (1385), lautet die Namensform Stempne. Stemmen war früher nach Goltern eingepfarrt. Erhalten sind uns Rechnungen der „Kirchen vndt gotteskasten zu Groszen Goltern sampt der Capellen zu Stemmen" vom Jahre 1600 und 1605. Die jetzige Pfarre gründete der Landrentmeister Chriſtophorus Blumen im Jahre 1652. Bis dahin war nur eine Kapelle zu Stemmen, welche zur jetzigen Kirche ausgebaut wurde. 1747 wurden die Altarleuchter gestohlen und zwei neue Altarleuchter für die Stemmer Kirche in Hannover angefertigt. 1754 wurde eine Glocke durch Weidemann in Hannover umgegossen, 1791 eine Orgel geschenkt; 1820 erfolgte wieder ein Glockenumguss.

Beschreibung. Kirche.

In dem älteren, östlichen, der spätgothischen Zeit angehörenden Theil der Kirche, einem schönen Innenraum, erkennen wir die frühere Kapelle. Er besteht aus zwei mit rechteckigen Kreuzgewölben überdeckten Jochen und dem mit fünf Seiten des Achtecks umgebenen, gewölbten Chor. Die spitzbogigen Gewölbe sind mit Backsteinen hergestellt und haben Backsteinrippen mit Birnstabprofil auf Konsolen. Sockel und Hauptgesims sind als Hohlkehle gebildet; die sechs Strebepfeiler des Chores sind mit Pultdächern abgedeckt und ebenfalls mit einem Hohlkehlenhauptgesims versehen. Auf der Nordseite ist eine einfache Spitzbogenthüre mit abgefasten Gewänden erhalten, darüber die Jahreszahl 1497. Zwischen den beiden westlichen Strebepfeilern des Chores ist auf der Nord- und Südseite je eine Nische ausgebaut. Der schmalere westliche, mit einem Kreuzgewölbe aus Bruchsteinen überdeckte Theil des Gebäudes steht mit dem östlichen durch einen grossen Bogen in Verbindung und ist als spätere

Erweiterung der alten Kapelle zu betrachten. Eine auf seiner Südseite gelegene, äussere Treppe macht den Dachboden und weiterhin den am westlichen Ende des Daches befindlichen, vierseitigen Dachreiter mit geschweiftem Helm zugänglich. (Fig. 70.) Der Schlussstein des Kreuzgewölbes enthält ein jetzt überstrichenes Wappen mit 9 Rosen (Blum?), die Wetterfahne des Dachreiters die Jahreszahl 1810. An der Westseite befinden sich zwei schräg gestellte Strebepfeiler.

Fig. 70. Kirche in Stemmen.

Alle Fenster des aus Bruchsteinen erbauten Gotteshauses sind jetzt rechteckig gestaltet und von glatten Sandsteingewänden umrahmt; unter dem östlichen Theil der Kirche liegt eine Gruft der Familie von Reden. Nord- und Westseite sind mit Emporen aus Holz ausgestattet.

Altarleuchter. Zwei schwere Bronzeleuchter aus dem Jahre 1747.

Ciborium. Silberne Dose mit der Jahreszahl 1734.

Grabsteine. An der nördlichen Aussenwand hat der grosse, gut erhaltene Grabstein des ersten Pfarrers der Stemmer Kirche, Fridericus Reimarus, gestorben 1661,

Platz gefunden. Er ist von zwei jonischen Säulen begleitet, welche Gesims und Aufsatz tragen und zeigt die ganze Figur des Verstorbenen im Priestergewande, den Crucifixus in der Linken, die Bibel in der Rechten.

Fig. 71. Kelch. Fig. 72. Kanne.
Kirche in Stemmen.

Kanne.

Eine silberne Weinkanne (Fig. 72) ist mit den Wappen der Familien von Reden und von Lenthe geschmückt und bezeichnet:

F. W. v. R. L. B. v. L.
1762.

Kelch.

Ein grosser silberner Kelch (Fig. 71) trägt die Jahreszahl 1821 und die Bildnisse Georgs III. und der Königin Charlotte.

Herrenhaus.

Auf dem Gute in Stemmen befindet sich ein massives Hauptgebäude in Renaissanceformen mit steilen Giebeln, welche durch einfache Gesimse horizontal getheilt sind. Die Vorderseite ist renoviert; an dem Vorbau, welcher die Durchfahrt enthält, sind seitlich zwei Wappen, jedesmal das der Familie von Reden, angebracht mit der Jahreszahl 1672 und der Bezeichnung:

(links) Ernst Friederich von Reden.
(rechts) Engel Elisabeht von Reden
seine eheliche Hausfrawe.

Velber.

Kapelle.

Litteratur: H. Sudendorf, Urkundenbuch zur Geschichte der Herzöge von Braunschweig und Lüneburg und ihrer Lande I, Urk. 184; X, Urk. 12, Anm. 2; W. von Hodenberg, Calenberger Urkundenbuch VI, Urk. 37 und 38; IX, Urk. 5, Anm. 2; Origines Guelficae IV, 391; Mithoff, Kunstdenkmale und Alterthümer im Hannoverschen I, 173.

Quellen: Verzeichniss der kirchlichen Kunstdenkmäler von 1896; Kgl. Staatsarchiv zu Hannover, Kloster Marienwerder, Urk. 27; Kirchen und Kapellen im Königreiche Hannover, Fürstenthum Calenberg, in der Bibliothek des historischen Vereins für Niedersachsen No. 177, II.

Geschichte.

Velber ist ein alter Ort. Es kommt schon im Jahre 947 als Velberch vor. 1257 entsagt Ritter Helmoldus de veltpergen allen Ansprüchen an die Curie zu veltbergen zu Gunsten des Klosters Marienwerder. Im Lehnsregister des Bischofs Gottfried von Minden, zwischen 1304 und 1324, erscheint es in den Formen: velbere, veltbere und weltbere. Im Jahre 1377 verpflichtet sich

Graf Ludolf von Wunstorf, dem Bischofe und dem Stifte Hildesheim mit Bewilligung des Kaisers neben anderem das Dorf velbere auf ewig zu überlassen. Die Kapelle wurde 1841 fast ganz um- und ausgebaut.

Beschreibung. Die im Osten mit drei Seiten des Achtecks geschlossene, zum Theil aus Bruchsteinen, zum Theil aus Ziegeln erbaute, gothische Kapelle hat im Westen auf massiver Wand einen Fachwerksgiebel und einen viereckigen Dachreiter. Sie enthält eine geputzte Balkendecke und mehrere kleine, flachbogig geschlossene Fenster mit profilierten Ziegeln an den Seiten und im Bogen. Auf der Südseite befindet sich in einer Spitzbogennische ein flachbogig geschlossener Eingang, dessen seitliche Einfassung, viermal zurückgesetzt, aus Ziegeln mit abgerundeten Ecken gebildet ist.

Altarleuchter. Zwei Altarleuchter, 1783, aus Zinn.

Glocke. Die Glocke stammt nach dem Verzeichniss der kirchlichen Kunstdenkmäler aus dem Jahre 1746.

Weetzen.

Kapelle.

Litteratur: H. Sudendorf, Urkundenbuch zur Geschichte der Herzöge von Braunschweig und Lüneburg und ihrer Lande I, Urk. 184 und 185; II, Urk. 289; VI, Urk. 18; VIII, Urk. 253 Anm.; W. von Hodenberg, Calenberger Urkundenbuch VII, Urk. 53, 137, 162 und 177; Zeitschrift des historischen Vereins für Niedersachsen 1862, 158; Mithoff, Kunstdenkmale und Alterthümer im Hannoverschen I, 175; W. Stedler, Beiträge zur Geschichte des Fürstenthums Calenberg, 1. Heft, 28, 31, 42 und 43.

Quellen: Verzeichniss der kirchlichen Kunstdenkmäler von 1896; Kgl. Staatsarchiv zu Hannover, Kloster Wennigsen, Urk. 53, 164, 172, 259, 260, 308, 309 und 486.

Geschichte. Im Jahre 1269 schenkt Bischof Otto von Minden dem Kloster weningeffen neben anderem den Zehnten in villa wetzenedhe. Im Lehnsregister des Bischofs Gottfried von Minden, zwischen 1304 und 1324, begegnet der Ort in den Formen: wecce, weteffen, wetfe und wedeffen. In einem Verzeichniss über die Leistungen der Höfe des Domkapitels und des Bischofs zu Minden an dieselben, vom Ende des XIII. oder Anfang des XIV. Jahrhunderts, ist von der curia wethen die Rede; eine andere Abschrift liest wedenhufen. Nach dem ums Jahr 1330 geschriebenen Verzeichniss gehörte er als wetfene zu den 88 Ortschaften, welche Antheil am Deisterwalde hatten. 1336 kommt die Schreibweise wetfcende, 1348 wetzende, 1367 wefende vor. In letzterem Jahre verkaufen ferner wolter vnde olrich perfek dem Kloster to weninghefſen eine Hufe Landes und drei Kothen zu wetzende. 1382 wird wetzende als zum Kirchspiel to Rönneberghe gehörig bezeichnet. Im gleichen Jahr erscheint es als wetzen und Wetfende und 1384 als Wesne und Wessende. 1522 verpfändet Herzog Erich von Braunschweig und Lüneburg dem Jost und Tönnies von Süersen „unsse dorpe Gerden, Wetzen und Runneberghen". 1599 findet sich die Schreibart Wetzenn.

Weetzen enthält eine einfache, kunstlose Fachwerkskapelle mit Dachreiter aus dem XVII. Jahrhundert. Ein Altarleuchter aus Zinn stammt laut Inschrift aus dem Jahre 1768, die Glocke nach Mithoff aus dem Jahre 1631. Beschreibung. Altarleuchter. Glocke.

Wennigsen.

Kirche und Kloster.

Litteratur: H. Sudendorf, Urkundenbuch zur Geschichte der Herzöge von Braunschweig und Lüneburg und ihrer Lande VIII, Urk. 253 Anm.; W. von Hodenberg, Calenberger Urkundenbuch I, Urk. 80; VII, Urk. 1, 2, 12, 17, 22, 53, 60, 62, 69, 72 und 124; C. L. Grotefend und G. F. Fiedeler, Urkundenbuch der Stadt Hannover, Urk. 427; Merian, Topographia und Eigentliche Beschreibung Der Vornembsten Stäte, Schlösser auch anderer Plätze und Örter in denen Hertzogthümern Braunschweig und Lüneburg, und denen dazu gehörenden Grafschafften Herrschafften und Landen, Frankfurt 1654, 202; W. Havemann, Geschichte der Lande Braunschweig und Lüneburg II, 69 bis 71; III, 467 und 468; Mithoff, Kunstdenkmale und Alterthümer im Hannoverschen I, 175 bis 178; W. Stedler, Beiträge zur Geschichte des Fürstenthums Calenberg, 1. Heft, 28, 39 und 40; W. Lübke, die Mittelalterliche Kunst in Westfalen, Leipzig 1853, 431; H. Otte, Handbuch der kirchlichen Kunstarchäologie I, 66 und 521; II, 193; W. Lotz, Kunsttopographie Deutschlands I, 619.

Quellen: Verzeichniss der kirchlichen Kunstdenkmäler von 1896; Kgl. Staatsarchiv zu Hannover, Kloster Wennigsen, Urk. 1 und 14a; Hann. Des. 75, No. 1 und 5; Hann. Des. 94, Nachtrag Wennigsen 1 und 4; Calenb. Brief. Archiv Des. 7 Kloster Registratur Wennigsen, No. 8; Redeker, Hist. Collect. MS. in der Magistrats-Registratur zu Hannover, bis zur Mitte des XVIII. Jahrhunderts reichend.

Des Klosters zu Wennigsen geschieht zuerst Erwähnung in einer Urkunde des Grafen Adolf von Holstein und Schauenburg vom Jahre 1224. Es war ein Nonnenkloster von der Regel des heiligen Augustinus, welches später in ein adeliges Fräuleinstift umgewandelt wurde. Jener Graf Adolf leistete in dem genannten Jahre auf Bitten des Bischofs Konrad von Minden auf seine vogteilichen Rechte an den der Kirche in weningeffen geschenkten Gütern zu Gunsten derselben Verzicht. 1226 schenkt Heinrich, Herzog von Sachsen und Pfalzgraf bei Rhein, der ecclefia fancte Marie et fancti petri in weningeffem das Obereigenthum einer Hufe Landes, einer Mühlenstätte und einer Wiese zu lemmede sowie einer Hufe Landes zu futheren, und gestattet derselben, von seinen Dienstmannen oder Vasallen innerhalb ihrer Parochie durch Kauf oder Schenkung Güter zu erwerben; Zeuge ist unter anderen heinricus Maior prepofitus. In einer Urkunde des Jahres 1269 wird Segebodo Capellanus in Weningeffen facerdos als Zeuge genannt. 1274 ertheilt Bischof Johann zu Prag denjenigen einen vierzigtägigen Ablass, welche das Monafterium fancte Marie virginis in Weningefen Monialium ordinis Sancti Auguftini Mindenfis diocefis an bestimmten Festtagen besuchen oder dasselbe beschenken. Daraus Geschichte.

geht hervor, dass sich das Kloster damals keiner reichen Einkünfte zu erfreuen hatte, und auch noch weitere Ablassbriefe aus dem Ende des Jahrhunderts sprechen dafür. 1285 befiehlt der Dechant der Kirche St. Mariae zu Köln aus päpstlicher Gewalt, dass die Leiche des auf Antrag des Scholasters Wikbold zu Köln exkommunicierten Ritters Diederich von Sudersen, welche der Propst zu Wennigsen habe begraben lassen, sofort wieder ausgegraben und ausserhalb der Kirchhofsmauer bestattet werde. Das Dorf Wennigsen gehörte nach dem ums Jahr 1330 geschriebenen Verzeichniss als wenighefen zu den 88 Ortschaften, welche Antheil am Deisterwalde hatten. Von den mannigfachen Schreibweisen erwähnen wir 1238 weninegiffen, 1241 Wenekeffen, um 1250 wenigiffen, 1300 wenegeffen. 1331 erwirbt das Kloster vom Grafen Johann von Spiegelberg käuflich das Obereigenthum des Dorfes holthufen mit dem Patronatsrechte über die Parochialkirche und die Vogtei daselbst. Als im Jahre 1439 Herzog Wilhelm der Aeltere mit seinem Kanzler Ludolph von Barum und Johann Busch, dem Prior des reformierten Klosters Sulta vor Hildesheim, nach Wennigsen kam, um die Nonnen zu veranlassen, zur ursprünglichen Regel des Ordens zurückzukehren, fand er keinen Gehorsam. Erst nach zweimaliger Wiederkehr fügten sich die Nonnen den Reformen des Propstes.

In einem wenig beneidenswerthen Zustande muss sich die Kirche im Jahre 1626 befunden haben; denn gemäss einer Akte aus diesem Jahre wurde festgestellt, dass „die Örge (Orgel) wegk vndt zerschlagen", sowie „5 Glocken von der Kirchen wegkgenomen" seien. „Die Kirche", so heisst es weiter, „ist dacklos, die schlofze für den Kirchthurm find weggerifzen".

Nicht viel besser war es um dieselbe im Jahre 1631 bestellt. Nach einem Inventar von diesem Jahre befand sich „in der Kirchen auf dem Chor" ein Altar von Holze worauf 2 meszinges Leuchter, 1 Altarlaken und ein Monstranzen Schapf; „Vorm Chor" Ein Crucifix mit der Mutter Gottes vnd Aposil S. Johannes; „In der Kirchen" Eine Orgel von Sechs stimmen, ein Tauffstein mit seinem verdeck, etliche alte Fenster so meist zerbrochen, ein Thurm bei der Kirchen, welcher gahr bawfellig ohne Klocke. Das Gebawte der Kirchen ist gahr in abgangk gerathen, von welcher ein Balcke heruntergefallen dadurch viel Stile zunichte worden. vber das sein noch zwey Balcken, die sich auch zum Fall geneiget. sein aber in etwas wieder befestiget worden.

Das Dorf brannte im dreissigjährigen Kriege bis auf sechs Häuser nieder. Auch das Kloster hatte durch denselben arge Einbusse an Einkünften erlitten. Zugleich drohte der vorwaltende Zustand die letzte Zucht und Sitte im Convente zu untergraben. Letzterer Uebelstand wurde durch die von Georg Wilhelm im Jahre 1663 veröffentlichte neue Klosterordnung für die Calenbergischen Jungfrauenklöster gehoben. 1666 wurde das Kirchengebäude repariert, der Gefahr drohende Kirchthurm abgenommen und wieder aufgebaut, 1689 eine neue Prieche in der Kirche angelegt. In einem Aktenstück vom Jahre 1690 ist von „unserer alten Capell" die Rede, welche so verfallen sei, dass es die höchste Zeit wäre, an deren Ausbesserung zu denken. 1692 wird die grosse Thurmglocke, welche im dreissigjährigen Krieg ein Loch bekommen hatte, durch Nicolaus Grewe umgegossen. 1695 wird Befehl ertheilt, den

VII.

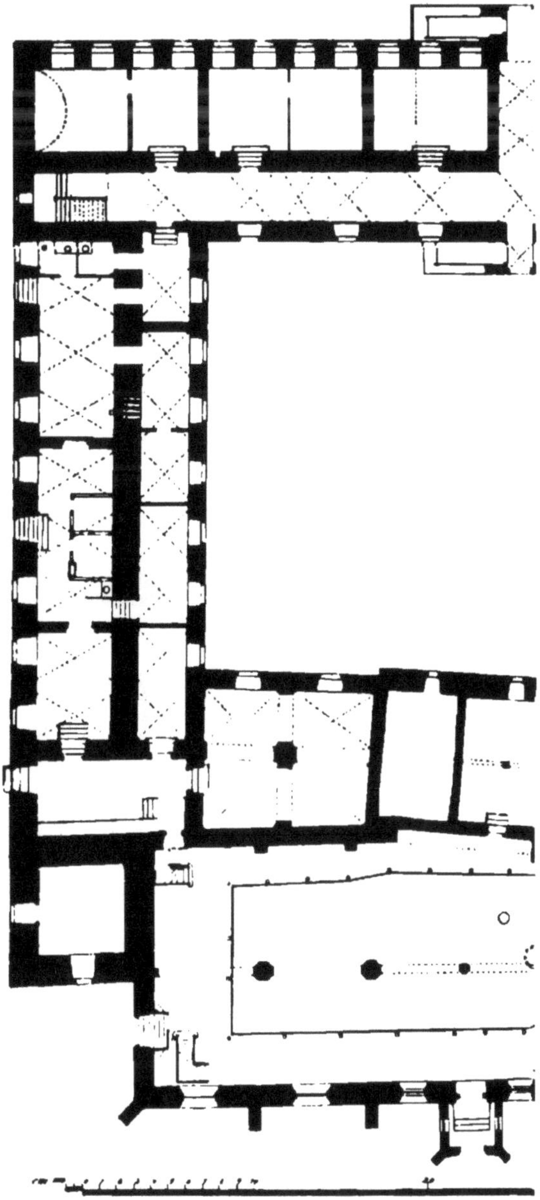

Fig. 7

KIRCHE UND KLOSTER IN W

1:30

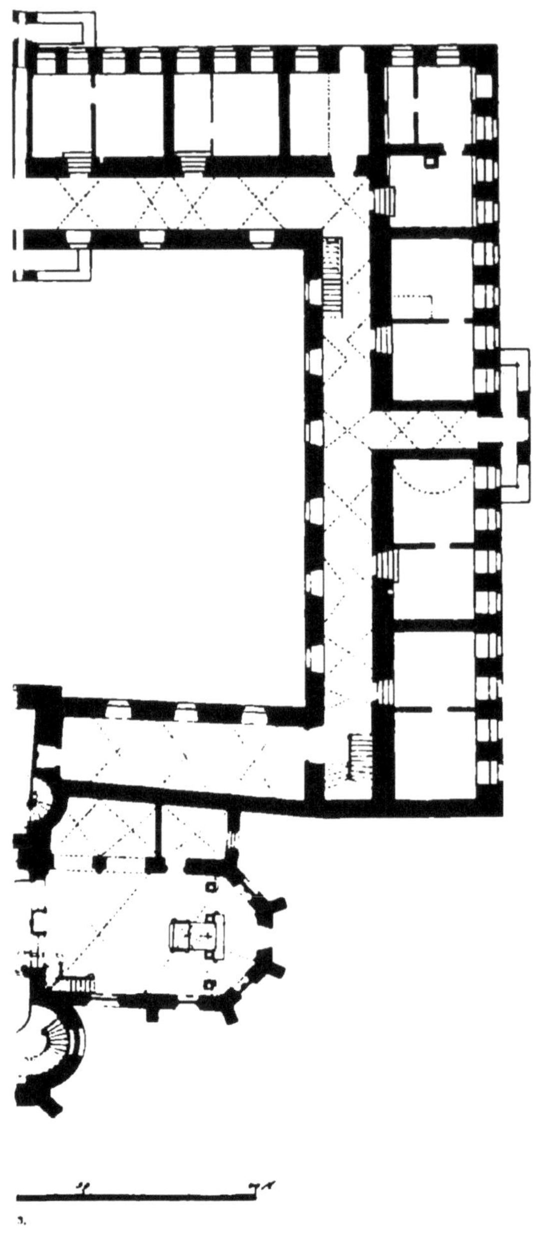

VENNIGSEN; GRUNDRISS.

Fig. 74

KIRCHE IN WENNIGSEN.

domina et conventkirchenchor von neuem zu machen und auszubessern. 1705 wird die Kirche unter den Balken „gedönichet, in Kalck geleget und gantz geweiszet“. In einer Akte vom Jahre 1706 wird eines auf Leinwand gemallen alten Malwerks Erwähnung gethan. In diesem Jahre wurde die Kirche durch den Stuccator geweisst und gebessert; die Pilare werden mit vermischtem Leim überweisst. Nach einem Anschlag des Lorentz Christian Ertzgräber vom gleichen Jahre war die Kirche 80 Fuss lang, 44 Fuss breit, und der Chor 40 Fuss lang, 24 Fuss breit. 1708 werden die Kirchenstühle, Priechen sammt Orgel vom Maler Müller aus Hannover mit Malerei versehen. In der Nacht vom 3. auf 4. April 1709 wurde die Kirche bestohlen, der Armenkasten erbrochen und der Altarschmuck, mit Ausnahme der Kelche, nebst einem Klingebeutel entwendet. Die beiden Altarleuchter wurden zwischen Wennigsen und Argestorf wieder gefunden. 1711 wurde der Neubau des Klosters, welcher 1707 begonnen, zu Ende geführt. Bei den baulichen Aenderungen, welche in den Jahren 1854 bis 1860 ausgeführt wurden, erhielt das Innere dadurch ein anderes Aussehen, dass die ganze Einrichtung mit Ausnahme des Altars und der Kanzel neu hergerichtet wurde; vor dem südlichen Schiff wurde gleichzeitig ein massiver Vorbau als Eingang hergestellt, und die Südwand erlitt einige Veränderungen an den Fenstern. Kirche und Kloster gehören der Königlichen Klosterkammer zu Hannover.

Fig. 75.

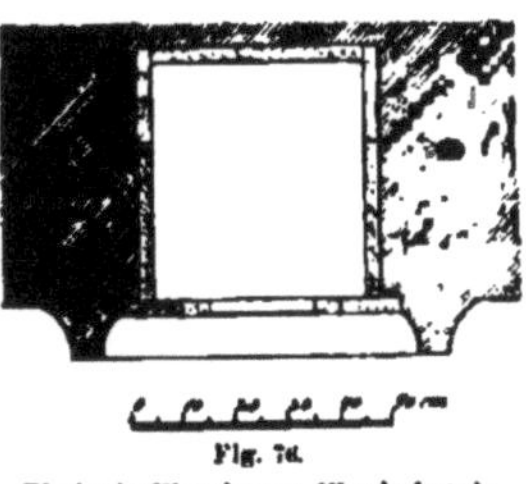

Fig. 76.

Kirche in Wennigsen; Wandschrank.

Beschreibung.

Die Kirche nimmt den südlichen Theil der ganzen Anlage ein (Fig. 73) und besteht aus einem Chor, zwei Schiffen, einem Nonnenchor und einer Sakristei auf der Nordseite und einem Westthurm.

Chor.

Der aus Quadern in spätgothischen Formen errichtete, mit Sollinger Platten gedeckte Chor wird vom Hauptschiff durch einen spitzbogigen Triumphbogen getrennt, dessen Ecken durch Hohlkehlen abgekantet sind (Fig. 74). Er ist mit Kreuzgewölben überdeckt und mit drei Seiten des Achtecks geschlossen. Die Gewölberippen ruhen auf figurengeschmückten Konsolen und zeigen das Profil der einfachen Hohlkehle, die Fenster sind spitzbogig geschlossen, ohne Maasswerk und an den beiden Schrägseiten im Osten vermauert. Hauptgesims und Sockel sind als Hohlkehle gebildet, die mit Pultdächern abgedeckten Strebepfeiler durch ein Hohlkehlengurtgesims gegliedert. Hinter dem Altare befindet sich in der Umfassungswand noch ein durch eine Thüre mit eisernem Gitter verschlossenes gothisches Schränkchen (Fig. 75, 76).

Schiff. Die beiden Schiffe sind jetzt ohne Gewölbe und mit einer waagerechten Decke abgeschlossen. Von den freistehenden Achteckpfeilern trägt der westliche die Jahreszahl 1556. Die über dem Pfeilergesimse später aufgesetzten Theile sind mit Flachbögen verbunden und tragen so die auf der Unterseite verputzte Balkendecke. Aus der Nordwand treten die entsprechenden Pfeiler vor, welche jedoch durch Korbbögen miteinander verbunden sind. Die aus spätgothischer Zeit stammende, bei den letzten Arbeiten in den fünfziger Jahren stark renovierte, aus Quadern errichtete Südwand hat breite spitzbogige Fenster in tiefen Schrägen, Gesims und Sockel als Hohlkehle gebildet, die Strebepfeiler mit Pultdächern abgedeckt und einen neuen Vorbau, welcher jetzt den Haupteingang bildet. Ein mit Pfannen gedecktes Satteldach reicht über beide Schiffe. An der Westseite neben dem Thurme ist eine Spitzbogenthüre mit birnstab-

Fig. 77. Kirche in Wennigsen; Bogenfeld.

profilierten Gewänden, an einem der südlichen Strebepfeiler eine in die Quader gearbeitete Sonnenuhr und am nächsten Pfeiler eine Konsole mit Baldachin theilweise erhalten, welche zur Aufnahme einer Figur bestimmt waren. Die zum südlichen Schiffe gehörige, jetzt mit einer Emporentreppe ausgefüllte Apsis, ein Rest der früheren Anlage, ist halbrund, öffnet sich nach dem Schiffe mit einem Halbkreise und enthält ein spitzbogig geschlossenes Fenster. Die neuen, auf Eisenstützen errichteten hölzernen Emporen sind auf der Südseite zweigeschossig, auf der Nord- und Westseite eingeschossig. In der südlichen Wand ist aussen noch ein Rest der alten romanischen Kirche eingemauert, welcher sich als Bogenfeld einer Thüre zu erkennen giebt. (Fig. 77). Wir sehen hier eine vortrefflich gearbeitete und in den meisten

Theilen gut erhaltene Darstellung: in der Mitte auf einem romanischen Throne Christus, zu seiner Rechten eine knieende Figur, welche ein Thier darbringt, zu seiner Linken eine herbeieilende Figur mit einer Garbe. Zu beiden Seiten befinden sich dann noch das A und Ω und zwei vertiefte Kreise. Die Behandlung der ganzen im Halbkreise untergebrachten Gruppe, in welcher man die Opfer Kains und Abels hat erkennen wollen, ist besonders in der knieenden Figur eine freie und deutet auf einen Künstler, welcher das Konventionelle der damaligen Kunst abzulegen bestrebt war.

Fig. 78. Kirche in Wennigsen; Thüre zum Nonnenchor.

Der Nonnenchor liegt erhöht und bildet ein nördliches Querschiff, welches nach dem Hauptschiffe mit einem grossen Spitzbogen von rechteckigem Querschnitt geöffnet ist. Der untere mit einer Balkendecke versehene Raum, welcher als Keller dient, steht mit dem Nonnenchor durch eine Treppe in Verbindung, welche in der halbrunden östlichen, mit Spitzbogen überdeckten Apsis Platz gefunden hat. Eine Wand trennt die jetzt nur mit einem kleinen Nonnenchor.

Fenster versehene, im Uebrigen zugemauerte, unten gelegene Totenkammer, in denen die Särge noch erhalten sind, ab. Der Nonnenchor gehört der Uebergangszeit an und ist oben mit einem Kreuzgewölbe überdeckt, dessen Rippen und Schildbögen einen rechteckigen Querschnitt, erstere durch Hohlkehlen abgekantet, zeigen. Auf der Nordseite sind zwei spitzbogige schmale Fenster mit tiefen Schrägen erhalten; zwei gleiche Fenster der Westseite sind jetzt vermauert. Man erreicht den Nonnenchor von dem um einige Stufen tiefer liegenden Flur des Klosters aus durch eine neben der Apsis in der Westseite gelegene schöne Thüre, welche in den Formen des Uebergangsstiles gezeichnet ist (Fig. 78). Die Kapitäle der beiden in den einspringenden Ecken angebrachten Säulen haben schönes Laubwerk, und der im Rundbogen herumgeführte Wulst ist an zwei Stellen durch kräftige Ringe unterbrochen.

Thurm. Der aus Quadern gebaute Thurm ist quadratisch, mit einem achteckigen Helm bedeckt, in den unteren Theilen mit wenigen sehr kleinen Oeffnungen und im Glockengeschoss auf jeder Seite mit zwei Schallöffnungen durchbrochen, welche im Westen als schmale Rundbogenfenster, auf den übrigen Seiten als gekuppelte, rundbogige, durch romanische Säulchen mit Würfelkapitäl getrennte Fenster ausgebildet sind. Die beiden auf der Ostseite sind jetzt vermauert, eine auf der Nordseite ist später mit einem Korbbogen unter Weglassung der Säule geschlossen worden.

Sakristei. Auf der Nordseite des Chores liegt die in gothischen Formen errichtete Sakristei, welche mit einem rechteckigen Kreuzgewölbe überdeckt ist, dessen Hohlkehlrippen auf Konsolen sitzen.

Altäre. Der mächtige Hauptaltar erhebt sich auf dem steinernen Tisch als eine reich ausgebildete Holzwand in den Barockformen, welche um die Wende des XVII. Jahrhunderts üblich waren und ein kräftig entwickeltes Laubwerk in grossem Maassstabe anwendeten. (Fig. 74.) Eine Rechnung über Bildhauer- und Malerarbeiten für den Altar in Wennigsen stammt aus dem Jahre 1701. Wir sehen in der Mitte des mit zwei rundbogig geschlossenen seitlichen Durchgängen versehenen Altars eine Darstellung des heiligen Abendmahles aus geschnitzten Figuren, darüber die Kreuzigung, weiter nach oben die Auferstehung, rechts vom Beschauer Moses mit den Gesetzestafeln, links Johannes den Täufer. Ein zweiter hölzerner Altar aus dem XVIII. Jahrhundert steht auf dem Nonnenchore. Er hat seitlich zwei Säulen, welche ein verkröpftes Gebälk mit Giebel tragen und ein Oelbild ohne grossen Kunstwerth — Christus am Oelberge betend — einschliessen. Das Antependium zeigt auf neuem Hintergrunde eine ältere Metallstickerei: Christus am Kreuz mit Maria und Johannes.

Ciborium. Ein mit Ornamenten reich verziertes Ciborium aus dem Jahre 1686 ist eine Stiftung des Amtmanns Johann Witte.

Decken. Eine schöne, mit farbiger Seide gestickte Decke, trägt das Wappen der Stifterin und die Inschrift:

Anna Christina Everdes geborne von Liebentahl Anno 1652.

Eine zweite gestickte Decke von weisser Farbe ist ebenfalls mit dem Wappen der Stifterin geschmückt und enthält zwei Inschriften:

Ein Tvch in die Kirchen avf den Gottes Kaste im Stift Wennisen

und:

Margreta Clar(a)
16 32
von Jeinsen.

Die grosse Glocke von 111 cm Durchmesser trägt drei Lapidarinschriften. Diejenige am Halse ist dreizeilig und von zwei herumlaufenden Ornamentstreifen eingefasst. Sie lautet: Glocken.

Abbatissin · Amalia · von : Weybers ·
Oberamtmann : Franz · Jacob · Wehner ·
Pastor : Justus · Friedlieb · Benecken ·

Die zweite Inschrift ist zweizeilig und steht in der Mitte:

Die Glocke ruft Euch auf · zum hören beten singen ·
folgt willig ihrem Ruf es wird Euch Seegen bringen.

Unter derselben befindet sich ein Crucifixus und am Kranze der Glocke die einzeilige Inschrift:

Goss mich · P A · Becker in Hannover · Anno 1802 ·

Die zweite Glocke hat einen Durchmesser von 86 cm und ebenfalls drei Lapidarinschriften. Am Halse steht zwischen zwei Ornamentstreifen:

Anno 1692 gos mich Niclaus Greue in Hannover.

Darunter stehen zwei Inschriften nebeneinander, eine siebenzeilige und eine vierzeilige:

Leue von Lenthe domina.
Anna Margretha von Lenthe.
Anna Sophia von Uder.
Anna Ilse von Mandelsloe.
Ilse Johanna von Kniggen.
Christina Elisabetha von Meisenbügh.
Conventualin.

Johann : Witte pro
tempore Ambtman
M : Johann : Justus Stutz
Bach Pastor.

Die dritte Glocke mit 51 cm Durchmesser enthält am Halse einen Ornamentstreifen und darunter die zweizeilige Lapidarinschrift:

Joh : Heinr : Christ : Weidemann :
goss mich in Hannover : anno 1745.

Ein prachtvoller mit Gold und Farben behandelter Grabstein (Fig. 79) wurde vom Chore der Kirche auf den Nonnenchor versetzt, wo er sich noch befindet. Er trägt im Aufsatze den Gekreuzigten und am Rande 16 schön gearbeitete Wappen und zwar links und rechts vom Beschauer wie folgt: Grabsteine.

von Jeinsen.	von Bennigsen.
von Hausz.	von Lente.
v. Mandelslog.	von Weltsen.
von Zertzen.	von Alten.
von Haberbeir.	von Rumschotel.
von Feltem.	von Borsslo.
von Heinburg.	von Romeln.
v. der Malsburg.	v. Ruskeplaten.

Der Stein trägt ferner die Lapidarinschrift:

Fig. 79.
Kirche in Wennigsen; Grabstein.

Phil. 3. Vnser Wandel ist im Himmel von dannen wir auch warten des Hylandes Jesu Christi des Herrn welcher vnsern nichtigen Leib verkleren wird das er ehnlich werde seinem verklertem Leibe.

Die weiland hochehrwürdige wolgebohrne Frau Margareta Clara von Jeinsen bestätigte domina dieses hochadelichen Stiftes Wennigsen anno 1599 in Monacht Julius zu Eldagsen gebohren in diesem hochadelichen Stift vom dreizehen Jahr an ihrer Geburt gewesen und demselben als domina in die 20 Jahr hohstrumlig vorgestanden ist von Gott dem Almechtigen wieder abgefordert anno 1682 am Abend Andrea und alhie beigesetzet worden ihres Alters 83 Jahr 5 Monat 1 Tag.

Zwei weitere Grabsteine sind an der Nordwand des Nonnenchores im Klosterhofe erhalten. Der älteste, mit der unteren Hälfte in der Erde steckende Stein ist stark verwittert. Erkennbar ist die Figur eines Ritters mit Dreiecksschild und Schwert unter einem Kleeblattbogen. Der andere Stein ist bedeutend jünger und auch soweit von der Erde bedeckt, dass die untere Inschrift heute nicht mehr zu sehen ist. Sie lautet nach Mithoff:

Anno 1 · 5 · 6 · 7 · den 16 · Janwarii · welkes · is · Donnersdach · vor · Pavli · Bekehringe · is · gestorven · de · erntvest · vn · erbar · Erasmvs · van · Bennisem · des · Sele · Got · gn ·

Im heute noch sichtbaren oberen Theile erkennen wir zwei knieende Figuren, Ritter und Edelfrau, dazwischen den Gekreuzigten. Am Rande befinden sich acht Wappen in folgender Anordnung:

D. v. Bennigsen W.	D. v. Weltze W.
D. v. Romelen W.	D. v. Rvmesotelen W.
D. v. Lente W.	D. v. Mandelslo W.
D. v. Klenken W.	D. v. Lastern W.

Die schöne hölzerne Kanzel (vergl. Fig. 74) ist mit Bogenstellungen zwischen Pilastern versehen; einige enthalten Figuren: Lucas, Marcus, Moses, Christus, Paulus und Johannes. Eine Inschrift lautet: Kanzel.

Margareta Clara von Jeinsen domina aõ 1671.

Der Schalldeckel ist an den Ecken mit Figuren besetzt und trägt die Inschrift:

Johanni XI. Jesus Spricht Ich bin die Aufferstehung Vndt Das Leben Wer an Mich Glaubet Der Wird Leben.

Zwei silbervergoldete Kelche mit Patenen gehören dem XVIII. Jahrhundert an. Kelche.

Das Kloster legt sich nördlich von der Kirche um einen rechteckigen Hof (Fig. 73); die Flure sind nach den Hofseiten angeordnet. Nord- und Ostseite sind zu Wohnungen hergerichtet, der Westflügel dient als Speicher. Das Untergeschoss der schlichten Gebäude ist gewölbt, Erd- und Obergeschoss sind mit Balkendecken versehen. Der Haupteingang mit Freitreppe ist auf der Nordseite als stattliches Barockportal ausgebildet; an der Südwand neben dem Kirchenchore finden wir noch ein altes, durch Steinpfosten getheiltes Fenster mit Umrahmung im oberen Theile, zwei Wappen und der Jahreszahl 1518 im Sturz (Fig. 80). Im Uebrigen sind die rechteckigen Fenster mit glatten Steingewänden versehen und die Flächen der massiven Gebäude geputzt. Kloster.

Fig. 80. Kloster in Wennigsen; Fenster.

Das heute noch im Gebrauche befindliche Klostersiegel ist von länglich runder Form; es zeigt die Figur des heiligen Petrus und die Umschrift: Siegel.

S · Praeposit · Wennigensis.

Die älteren Klostersiegel waren in Form der Mandorla gestaltet und enthielten ausser der Umschrift eine Darstellung der Mutter Gottes mit dem Christuskinde.

Wettbergen.

Kirche. Herrenhaus.

Litteratur: H. Sudendorf, Urkundenbuch zur Geschichte der Herzöge von Braunschweig und Lüneburg und ihrer Lande I, Urk. 184 und 624; VI, Urk. 109; VIII, Urk. 253 Anm.; C. L. Grotefend und G. F. Fiedeler, Urkundenbuch der Stadt Hannover, Urk. 157 Anm. 1, und 205; Chr. U. Grupen, Origines et Antiquitates Hanoverenses, 65 und 140; B. Chr. von Spilcker, Geschichte der Grafen von Wölpe und ihrer Besitzungen, Arolsen 1827, 152 und 153; H. Böttger, Diöcesan- und Gau-Grenzen Norddeutschlands, 118; Zeitschrift des historischen Vereins für Niedersachsen 1858, 23 bis 27, 33 bis 36, 50 und 51; Mithoff, Kunstdenkmale und Alterthümer im Hannoverschen I, 178; W. Stedler, Beiträge zur Geschichte des Fürstenthums Calenberg, 1. Heft, 3, 28, 44 bis 46.

Quellen: Kirchenbuch in Wettbergen; Verzeichniss der kirchlichen Kunstdenkmäler von 1896.

Geschichte. Wettbergen wird bereits in einer zwischen 1056 und 1080 ausgestellten Urkunde des Bischofs Egilbert von Minden als Wetberge genannt. In einer Urkunde des Mindener Bischofs Thetmar vom Jahre 1186 werden der Mindener Kirche von der Edelfrau Mechtild von Ricklingen Güter zu Wettbergen (Watberge, Wetberge, Waterberge) „in mallo Conradi comitis. in pago Selessen, in loco Salseken coram multis — — Angariae legis ac iuris peritis“ übertragen. Nach dem Lehnsregister des Bischofs Gottfried von Minden, zwischen 1304 und 1324, besass Henricus de wetberghe „Sex manfos ibidem · et tres manfos houelenes ibidem · Item decimam fuper nouale in wetberghe“. Daneben kommt dort die Schreibweise wetberghen vor. Nach dem ums Jahr 1330 geschriebenen Verzeichniss gehörte der Ort als wetberghen zu den 88 Ortschaften, welche Antheil am Deisterwalde hatten. 1338 vergleichen sich die Gebrüder Johann, Heinrich und Brûning de Wedberghe mit den Rathsherren und der Gemeinde der Stadt Hannover wegen des ihnen durch Brand und Zerstörung des „lapidei edificii in Wedberghe“ oder sonst zugefügten Schadens. Im Lehnsregister des Bischofs Otto von Minden, zwischen 1385 und 1397, lautet die Namensform wetbergen. Eine Urkunde des Jahres 1447 erwähnt hier eine Kirche; sie handelt von einem Verkauf zweier Höfe zu Wettbergen, acht Hufen Landes, der Lehnwaare der dortigen Kirche, dreier Kothhöfe und der güldenen Hufe zu Empelde durch Bruno von Wettbergen an Hermann von Steinhuss. Dorf und Kirche wurden im Kriege 1580 zerstört, die Kirche 1696 wieder hergestellt, 1777 und 1853 restauriert.

Nach diesem Orte nannte sich ein im Jahre 1644 ausgestorbenes Ministerialgeschlecht, welches den Vorderkörper eines geflügelten Ebers im Wappen führte. Die Gebrûder Henrich und Brûning von Wettbergen verkauften im Gogericht Gehrden diesen ihren Stammsitz im Jahre 1356 an die Gebrûder Marten und Diederk von Alten.

Beschreibung. Die Kirche ist ein massiver, rechteckiger Bau mit abgeschrägten Ecken am Chor, geputzt, aussen 9,8 m breit und 18,5 m lang. Sie enthält schwere, plumpe Strebepfeiler, einen steinernen Westgiebel, im Osten ein länglich rundes, im Uebrigen rechteckige Fenster und ist mit Ausnahme des achteckigen, mit geschweifter Spitze bedeckten Dachreiters an der Westfront ohne Kunstform. Einfache hölzerne Emporen auf der Nord- und Westseite tragen die gemalten Wappen der Volger vom Jahre 1737. Die segmentförmige geputzte Decke hat eine sichtbare, tragende Holzkonstruktion aus dem Jahre 1853. Eine vermauerte Spitzbogenthüre in der Südwand ist jetzt überputzt. Ueber dem westlichen Eingang befindet sich ein Engelskopf mit der Zahl 1702 und das Wappen der Volger mit der Inschrift:

Die Volger anno 1697.

Unter der Kirche liegt das Grabgewölbe der früheren Besitzer von Wettbergen. Die Särge enthalten Wappen und Inschriften.

Der Altar ist barock mit gewundenen Säulen; über ihm steht die Kanzel. Altar. Kanzel.

Ein Ciborium aus Silber trägt die Inschrift: Ciborium.

Christoph Conrad Völger, Cornet.

Auf der Unterseite steht die Jahreszahl 1695.

In einem Fenster der Nordseite befinden sich zwei kleine gemalte Scheiben mit Wappen und den Inschriften: Glasmalereien.

Ilse Lvne Magnus Völger S. E. Hausfrav.

und:

Anna Elisabet von Idensen 1696.

Im Dachreiter hängen zwei Glocken von 43 cm und 44 cm Durchmesser, jede mit einer Minuskelinschrift am Halse zwischen zwei Schnüren, einigen kleinen Hochbildern, — darunter der Gekreuzigte — und mit mehreren kleinen ringförmigen Erhebungen. XV. Jahrhundert. Glocken.

Ein silberner Kelch mit zugehöriger Patene enthält das Wappen der Volger und die Inschrift: Kelche.

Magnvs Levin Volger Fendrich · Catharina Elisabet Herbst · 1677.

Ein zweiter Kelch ist älter. Der Knauf hat sechs Zapfen, der runde Fuss einen — später aufgehefteten — gothischen Crucifixus.

Das neue Herrenhaus hat noch den massiven Sockel und einige Reste des alten Gebäudes und ist stellenweise von dem früheren Hausgraben umgeben. Herrenhaus.

Wichtringhausen.

Herrenhaus.

Litteratur: H. Sudendorf, Urkundenbuch zur Geschichte der Herzöge von Braunschweig und Lüneburg und ihrer Lande I, Urk. 184; VI, Urk. 109; von Ledebur, kritische Beleuchtung einiger Punkte in den Feldzügen Karls des Grossen gegen die Sachsen und Slaven, 1829, 51 Anm. 81; C. W. Wippermann, Beschreibung des Bukkigaus nebst Feststellung der übrigen Gaue Niedersachsens, 112, und Urkundenbuch des Stifts Obernkirchen in der Grafschaft Schaumburg, Rinteln 1855, 158; Chr. L. Scheidt, Mantissa documentorum, Hannover 1755, No. XC (h); Mithoff, Kunstdenkmale und Alterthümer im Hannoverschen I, 178 und 179; W. Stedler, Beiträge zur Geschichte des Fürstenthums Calenberg, I. Heft, 18, 21, 29 und 53.

Geschichte. Wichtringhausen, einst zur Ramstedter Go gehörig, erscheint seit dem Ende des XII. Jahrhunderts als Schaumburgisches Lehen. Es begegnet im Lehnsregister des Bischofs Gottfried von Minden, zwischen 1304 und 1324, als wichmeringhehufen, wichmeringhehufen, wicmeringehufen; in einer Urkunde vom Jahre 1358 als Wichmerynchusen; im Lehnsregister des Bischofs Otto von Minden, zwischen 1385 und 1397, als wichmerinchufen, wicheringhehufen, wicherinchufen; in einem Lehnsregister des Stifts Corvey aus dem XIV. Jahrhundert als Withmarinchusen und 1425 als Wychmeringehufen.

Beschreibung. Wichtringhausen enthielt einen Edelhof, welcher in neuerer Zeit durch Wiethase in gothischen Formen ausgebaut und verändert worden ist. Von den alten Theilen ist nur noch wenig erhalten. An der Gartenseite mit der Jahreszahl 1611 finden wir noch mehrere Renaissancestücke, in einem Friese drei Wappen: Otto von Reden, Anna von Adeliebessen und Anna von der Schulenburch. Ueber der Hausthüre die Wappen der von Reichau, welche Familie etwa von 1630 bis 1750 mit dem Gute belehnt war, und der von Cornberg. Freitreppe, Treppenthurm, Laube und Erker sind neu. Im Garten befindet sich ein Grabstein der Anna von Adelebesse, gestorben 1589, mit der Figur der Verstorbenen, an den Ecken vier Wappen.

Eine früher vorhanden gewesene Kapelle ist schon vor längerer Zeit verschwunden; der alte Graben jedoch noch erhalten.

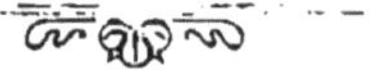